이화유치원

교육과정 운영의 실제

만 3세 ❹ 가족

이화유치원 교육과정 운영의 실제

만 3세

④ 가족

이화여자대학교 사범대학 부속이화유치원

(주)교 문 사

머리말

올해로 97년의 오랜 역사와 전통을 자랑하는 이화유치원은 우리나라에서뿐만 아니라 전 세계에서 탁월한 유아교육을 실행하는 유치원으로 높이 평가받고 있습니다. 이화유치원은 이에 긍지와 자부심, 책임감을 가지고 있으며, 무한한 가능성을 가진 유아들이 바르고, 착하고, 아름답게 자랄 수 있도록 최적의 교육환경과 교육과정을 제공하기 위해 항상 노력하고 있습니다. 더 나아가 미래사회를 책임질 유아들의 건강한 성장과 발달을 위해 끊임없이 새로운 프로그램을 개발하고, 유아교육의 질을 제고하기 위한 연구를 지속하여 유아교육 발전을 선도해 가고 있습니다.

유아의 성장 및 발달에 적합한 환경과 교육과정으로 질 높은 유아교육을 충실히 실행하는 것이 이화유치원의 중요한 사명 중 하나라면 또 다른 중요한 사명은 유아의 발달 및 유치원 교육과정, 교수방법, 교육환경 등에 관한 연구를 수행하고 그 결과를 출판하여 보급하는 것입니다. 이에 따라 이 책 『이화유치원 만 3, 4, 5세 교육과정 운영의 실제』는 이화유치원의 중요한 사명을 성공적으로 완수해 낸 결과물인 것입니다.

이화여자대학교 사범대학 부속이화유치원에서 1992년과 1995년 두 번에 걸쳐 『만 3, 4, 5세 어린이를 위한 유치원 교육과정 운영의 실제』를 출판한 지 어느덧 16년이 지났습니다. 2004년에 이화유치원 창립 90주년 기념행사를 성황리에 개최한 이후 새로운 『만 3, 4, 5세 유아를 위한 이화유치원 교육과정 운영의 실제』를 출판하기 위한 준비 및 집필 작업을 계속해 왔고 드디어 2011년에 출판하게 됨을 매우 기쁘게 생각합니다.

『이화유치원 만 3세 교육과정 운영의 실제』의 1학기 생활주제는 「즐거운 유치원」, 「나」, 「봄」, 「가족」, 「동물」, 「여름」이고, 2학기 생활주제는 「교통기관」, 「우리나라」, 「소비생활」, 「가을」, 「겨울」입니다. 기존 만 3세 교육과정 운영의 실제에서 제시한 생활주제 중 「즐거웠던 여름방학」을 「여름」으로 통합했고, 「가족」과 「소비생활」을 새로운 생활주제로 추가했습니다.

『이화유치원 만 3세 교육과정 운영의 실제』는 동일하게 3개의 장으로 구성되어 있습니다.

1장에서는 각 생활주제 선정의 의의와 교육 목표를 소개했습니다. 생활주제에서 다루어야 할 학습 내용을 2~5개의 주제로 구분하고, 주제별로 교육 목표와 내용을 설명했습니다. 2장에서는 교육환경에 대해 소개했습니다. 원내와 교실의 흥미 영역을 교육 내용에 적합하게 구성하는 방법을 설명했고, 사진을 실례로 소개했습니다. 3장에서는 생활주제에 적합한 교육활동을 주제별로 소개했습니다. 교육활동의 전개 방법에서는 유아들이 흥미를 가지고 능동적으로 참여하여 교육 내용을 이해하고 학습할 수 있도록 하기 위해 교사가 만 3세 유아들의 발달 수준, 지식, 경험 등에 적합한 교육적 대화를 어떻게 나누는지를 소개하는 데 중점을 두었습니다. 이 책에 수록된 교육활동을 현장에서 실시할 때 도움이 되도록 교사의 질문 및 언어적 상호작용을 구체적으로 자세하게 기술하였고, 내용을 쉽게 이해할 수 있도록 사진 및 삽화를 수록했습니다. 활동 시 참고할 사항을 Tip으로 제시했고 유의점에 주의해야 할 사항을 설명했습니다. 또한 확장활동 및 관련활동을 제시하여 교육활동들 간의 연계성을 강조했습니다. 부록에는 주간교육계획안과 일일교육계획안의 예시를 수록하여 실제 교육계획안 수립 시 참고할 수 있도록 했습니다.

이화유치원에서는 교육과정의 학습경험 설정 및 효과적 조직에서 요구되는 세 가지 준거—계속성(continuity), 계열성(sequence), 통합성(integraty)—를 갖추고자 지속적인 연구와 노력을 거듭하고 있습니다. 이 책에서는 만 3, 4, 5세 교육과정 간 계속성, 계열성, 통합성에 초점을 맞추어 연구 · 개발된 새로운 생활주제, 주제 및 교육활동들을 소개했습니다. 또한 본 유치원에서 지난 10여 년간 실행해 온 각종 연구들—기본생활습관교육, 소비자교육, 극놀이, 요리활동, 종일반 프로그램, 수학교육, 리더십교육, 언어교육, 동작교육, 문학교육, 전통문화예술교육—을 통해 새롭게 개발된 생활주제, 주제 및 교육활동들을 이 책에 소개했습니다. 기존 『만 3세 어린이를 위한 유치원 교육과정 운영의 실제』에 수록되었던 활동들의 경우, 최근 유아들의 발달적 특성, 요구, 흥미에 적합하게 또한 시대적 변화와 요구에 부응할 수 있도록 수정 ·

보완해서 소개했습니다.

그동안 이 책이 출판될 수 있도록 도와주신 여러 분들께 머리 숙여 감사를 드립니다. 먼저 『이화유치원 만 3세 교육과정 운영의 실제』를 함께 집필해 주신 이화유치원 전 · 현직 교사들—오지영, 김혜전, 이지현, 임예지, 장현진—께 감사를 드립니다. 유아교육 발전을 위한 이화유치원의 사명을 완수하기 위해 지난 몇 년간 주말이나 공휴일은 물론이고 방학에도 쉬지 못하면서 이 책의 집필 과정에 참여해 주신 여러 분들의 헌신적 노력은 유아교육의 역사에서 오래 기억될 것입니다. 이 책의 집필 과정에서 여러모로 도움을 주신 이화유치원 전 · 현직 교사들—이정현, 차기주, 홍서연—께도 깊은 감사를 드립니다. 또한 이 책을 출판해 주신 (주)교문사 류제동 사장님, 정용섭 부장님을 비롯한 직원 여러 분들께도 진심으로 감사를 드립니다.

끝으로 이 책이 출판될 수 있도록 간접적으로 도와주신 분들께도 감사를 드립니다. 그동안 유아교육을 공부하는 학부생 및 대학원생, 유아교사, 유아교육학자, 유아교육 전문가 및 행정가, 심지어 학부모들께서도 이 책이 언제 출판되는지를 문의하고 출판을 서둘러 주기를 부탁하셨습니다. 『이화유치원 만 3, 4, 5세 교육과정 운영의 실제』를 하루빨리 출판해 달라는 많은 분들의 요청이 저희들에게 든든한 힘과 격려가 되어 주었기에 이 자리를 빌려 감사의 마음을 전하며, 여러분들께서 기대하신 만큼 큰 도움 받으시기를 바랍니다.

2011년 7월 25일

집필진 대표 홍용희

차 례

2. 가족 사랑 57

3. 가족이 사는 동네 99

〈부 록〉 123

1장

생활주제 선정의 의의와 목표

1 장

생활주제 선정의 의의와 목표

1. 생활주제 선정

'가족' 생활주제는 유아들이 가족의 개념을 이해하며 가족 공동체의 소속감을 갖고, 가족의 사랑을 느끼고 표현함으로써 돈독한 가족 관계를 형성할 수 있도록 하기 위해 선정되었다. 가족은 유아들이 태어나서 처음 경험하는 최초의 생활공동체이다. 유아들은 가정이라는 울타리 안에서 부모님의 사랑과 보살핌을 받으며 사회에 적응해 나간다. 그러므로 유아가 삶의 터전이자 보금자리인 가정 안에서 자신의 가족에 대해 인식하고 가족의 사랑을 느끼는 것은 매우 중요하다. 유아들은 가족의 사랑을 느끼고 가족에게 사랑을 표현함으로써 정서적인 안정감과 행복감을 갖게 된다. 또한 유아들이 맺는 가족 관계는 앞으로 경험하게 될 여러 사람들과의 관계를 형성하는 데에 기초가 된다. 만 3세 유아들 중에는 유치원이라는 기관 생활을 처음 경험하는 유아들이 많다. 이때 가정에서 안정적인 인간관계를 형성하는 것은 유치원 생활에의 성공적인 적응에 밑바탕이 된다. 유아들이 자신의 가족과 집에 대해 알고, 가족의 사랑을 느낄 수 있도록 '가족' 생활주제가 선정되었다.

2. 주제 및 목표 선정

'가족' 생활주제는 '가족의 구성', '가족 사랑', '가족이 사는 동네' 로 구성되었다.

생활주제	주 제
가 족	가족의 구성
	가족 사랑
	가족이 사는 동네

각 주제별 교육 목표 및 교육 내용은 다음과 같다.

주 제	분 류	목표 및 내용
1. 가족의 구성	교육 목표	• 나는 가족과 함께 살고 있음을 안다. • 나는 우리 가족의 중요한 구성원임을 안다. • 가족 구성원 각각을 부르는 명칭이 있음을 안다.
	교육 내용	'가족의 구성' 주제는 가족의 개념과 구성원에 대해 살펴보고, 가족구성원으로서의 나 자신을 인식하도록 선정된 주제이다. 대소집단활동 뿐만 아니라 가족 인형을 이용한 언어 활동, 가족 구성원을 주제로 한 수학 · 조작 활동, 가족을 소재로 한 조형 활동 등 다양한 실내 · 외자유선택활동을 통해 가족의 개념과 구성에 자연스럽게 관심을 갖고 이를 이해하도록 지도한다.
2. 가족 사랑	교육 목표	• 가족 구성원끼리 서로 사랑하고 있음을 안다. • 가족을 사랑하는 마음을 갖는다. • 부모님께 감사하는 마음을 갖는다. • 형제간에 우애 있게 지낸다.
	교육 내용	'가족 사랑' 주제는 가족 구성원 간 서로 사랑하는 마음을 갖고 이를 표현할 수 있도록 선정된 주제이다. 유아들이 나를 낳아주신 부모님께 감사한 마음을 갖고 형제간에 우애 있게 지냄으로써, 화목하고 행복한 가족을 이룰 수 있도록 다양한 활동을 실시한다.
3. 가족이 사는 동네	교육 목표	• 우리집이 있는 동네의 이름을 안다. • 우리집 근체에 있는 여러가지 지역사회 기관이 있음을 안다. • 지역사회 기관이 하는 일에 관심을 갖는다.
	교육 내용	'가족이 사는 동네' 주제는 유아들이 가족과 함께 사는 집, 가족이 사는 동네에 대해 관심을 가질 수 있도록 선정된 주제이다. 또한 동네에 위치한 여러 지역사회 기관의 종류와 기능에 대해 살펴보는 교육 내용을 포함한다.

2장

환경 구성

2장

환경 구성

1. 실내 환경 : 현관, 복도

1) 게시판

현관 게시판은 유아들이 가족과 함께 화목하게 지내는 모습이 담긴 그림이나 집을 배경으로 유아들의 작품을 활용하여 꾸민다. 게시판에는 어린이날, 어버이날과 같은 '가족'과 관련된 기념일과 가족의 날, 조부모님의 날 등과 같은 당월 이루어지는 행사나 교육 활동 등을 안내한다. 또한 매일의 급 · 간식 식재료의 원산지를 게시한다.

5월 유치원 현관 게시판

2) 복도 벽면

복도 벽면에는 가족의 날, 조부모님의 날 등 '가족' 관련 행사 활동 사진이나 유아들의 그림을 게시한다. 유아들은 가족과 함께 유치원에서 한 활동들을 회상하며 가족의 사랑을 느끼고 즐거웠던 기억을 친구들과 공유할 수 있다.

가족의 날, 어린이날 사진

3) 복도 영역

복도 영역에 인형의 집과 인형, 소꿉놀이 살림 기구 등의 상상 놀이 놀잇감을 제공하여 유아들이 하루 일과 중 자유선택활동 시간에 자유롭게 찾아와 가족 놀이를 할 수 있도록 한다. 유치원 전원아가 놀이할 수 있는 공간이므로 놀이에 참여하는 유아의 수를 고려하여 놀잇감의 수를 융통성 있게 조정한다. 유아들이 가정과 같은 편안한 분위기에서 놀이할 수 있도록 천장에 부드러운 느낌의 천을 달거나 인형, 꽃, 액자 등의 소품을 비치하여 안락한 환경을 구성한다.

가족 상상 놀이

2. 실내 환경 : 교실

- 생활주제 : 가족
- ○○○반 흥미 영역 배치도

○○○○학년도 ○월 ○주 ~ ○월 ○주

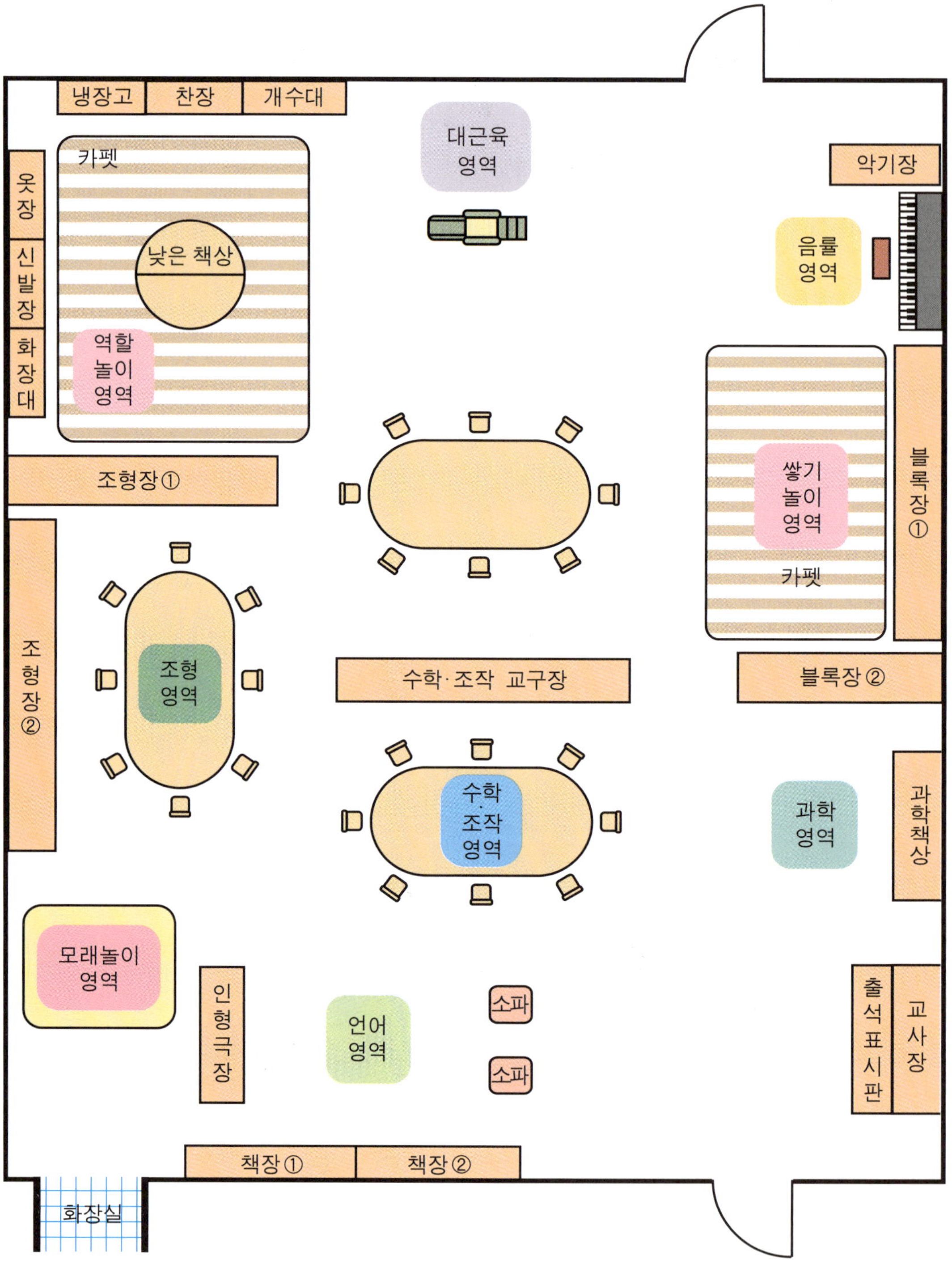

1) 교실 벽면

(1) 출석 표시판

출석 표시판의 배경으로 숲 속 마을을 구성하고 다양한 모양의 집(예: 아파트, 주택, 버섯모양 집 등)을 제시한다. 매일 등원 후 유아들이 자신의 이름표를 원하는 모양의 집에 붙여 집을 완성하고 그 집에 살고 있는 가족이 누구인지 살펴볼 수 있도록 한다.

출석 표시판

(2) 벽면 전시

교실 벽면에는 유아들이 가정에서 가지고 온 가족사진을 게시하거나, 가족의 날, 조부모님의 날에 찍은 사진을 유아들이 만든 액자에 넣어 전시한다. 또한 다양한 가족 구성원(예: 아기, 학생, 엄마, 아빠, 할머니, 할아버지 등)의 모습이 담긴 그림이나 화보를 게시한다.

가족사진

2) 흥미 영역

(1) 언어 영역

유아들이 가족 구성원의 종류와 명칭을 알고 가족을 사랑하는 마음을 가질 수 있도록 하는 내용의 그림책을 제시한다. 또한, 가정에서 유아가 할 수 있는 일(예: 옷 입기, 세수하기, 심부름하기 등)을 알고 실천할 수 있도록 이와 관련된 내용의 책도 함께 제시한다.

동극 활동 시 사용한 동화 자료(예: '커다란 무' 동화 자료, '세 마리 염소' 동화 자료 등)나 동화 구연 소품(예: 가족 손인형, '곰 세 마리' 상상 놀이 등), 낮은 책상 등을 준비하여 유아들이 실내자유선택활동 시간에 동화 내용을 재구성하며 놀이하도록 한다.

언어 영역 전경

말하기 영역

(2) 쌓기 놀이 영역

유아들이 다양한 모양과 크기의 집을 구성하며 놀이할 수 있도록 집짓기 블록을 제시하고, 종이벽돌 블록의 수를 추가한다. 다양한 무늬와 크기의 천을 놀이 소품으로 제공하여 유아들이 집을 지은 후 카펫, 식탁보, 이불 등으로 사용하도록 한다. 또한 사람 인형을 놀이소품으로 제공하여 상상 놀이로 놀이가 확장될 수 있도록 한다. 학기 초 제공한 코코 블록에 꽃, 나무, 문 등의 소품을 첨가하여 유아들이 집을 구성하여 가족 놀이를 할 수 있도록 한다.

쌓기 놀이 영역 전경

코코 블록 추가 소품

사람 인형

(3) 역할 놀이 영역

가족 놀이를 할 수 있도록 다양한 가구(예: 옷장, 서랍장, 화장대, 신발장, 식탁 등)와 주방설비(예: 가스레인지, 개수대, 냉장고, 그릇장 등)를 배치하여 집과 같은 환경을 제공한다. 아기 돌보기 놀이를 할 수 있도록 아기 인형, 아기 침대, 아기 이불, 베개, 포대기, 우유병 등을 제시한다.

역할 놀이 영역 전경

아기 돌보기 놀이 소품

(4) 수학 · 조작 영역

가족 구성원, 가족의 화목한 모습, 집에서 볼 수 있는 물건 등을 주제로 한 그림 조각 맞추기, 숫자대로 물건 놓기, 패턴 구성하기, 끈 끼우기 등의 개인용 조작 교구를 제시한다.

수학 · 조작 영역 교구장

(5) 과학 영역

유아들이 색의 변화에 관심을 가지고 관찰할 수 있도록 다양한 색의 색혼합통을 제시한다. 색혼합통은 투명한 통 속에 각기 다른 두 가지 색의 기름이 들어 있어 통을 흔들어 섞을 경우 색이 혼합되는 모습을 관찰할 수 있는 교구이다.

색 혼합 관찰하기

혼합 전

혼합 후

(6) 조형 영역

기본적인 재료 및 도구(예: 색연필, 사인펜, 네임펜, 매직, 크레파스, 셀로판테이프, 딱풀, 안전 가위, 16절 색도화지, 재활용품 등)를 유아들이 자유롭게 사용할 수 있도록 조형장에 제시한다. 또한 교사가 조형활동에 사용했던 재료들도 유아들이 원할 때 스스로 작업할 수 있도록 조형장에 준비해 놓는다.

조형 영역 전경

꾸미기 재료(모루, 색단추, 빨대 자른것, 뚜껑)

(7) 음률 영역

유아들이 쉽게 연주할 수 있는 다양한 종류의 악기를 준비하되, '가족' 생활주제와 관련되는 악기(예: 가족 구성원 모양 막대 캐스터네츠, 음식 모양 마라카스 등)를 추가로 제공한다. '가족' 생활주제와 어울리는 음악(예: 슈만의 '어린이 정경', 차이코프스키의 '호두까기인형', 프라이어의 '휘파람부는 사람과 강아지' 등)과 CD플레이어, 여러 가지 색깔의 스카프를 함께 제공하여 자유선택활동시간 자유롭게 스카프 춤을 출 수 있도록 한다.

음률 영역 교구장

가족 구성원 모양 막대 캐스터네츠

음식 모양 마라카스

스카프

(8) 대근육 영역

볼링 놀이를 할 수 있도록 볼링공, 볼링 핀, 볼링 판을 2세트씩 준비한다. 볼링 판은 벽쪽으로 배치하며, 유아들이 공을 굴릴 위치에 자리표시를 붙이거나 방석을 두어 앉은 자세에서 안정적으로 놀이할 수 있도록 한다.

볼링 놀이

(9) 기타 영역

유아들이 실내 또는 실외 공간에서 모래 놀이를 할 수 있도록 뚜껑이 있는 모래 놀이 장에 부드럽고 잘 뭉쳐지는 모래를 넣어둔다. 바구니에 모래 놀이 필요한 여러 도구(예: 다양한 모양과 크기의 찍기틀, 그릇, 모래 놀이용 작은 삽, 숟가락, 작은 국자 등)를 담아 제시한다. 또한 유아들이 놀이를 하면서 바닥에 떨어진 모래를 스스로 정리할 수 있도록 유아용 빗자루, 진공청소기를 모래 놀이 장 근처에 준비해 놓는다. 모래 놀이를 하지 않을 때에는 먼지가 들어가지 않도록 뚜껑을 닫아둔다.

모래 놀이

3장

활 동

★ 주제별 활동 목록

구 분		가족의 구성	가족 사랑	가족이 사는 동네
자유 선택 활동	쌓기 놀이 영역	집짓기		블록으로 자동차 길 만들기
	역할 놀이 영역	가족 놀이	아기 돌보기	
	언어 영역	가족 인형 놀이하기		동네에서 들을 수 있는 소리
	수학 · 조작 영역	가족 구성원 패턴 만들기		큰 뚜껑, 작은 뚜껑
	과학 영역		그림자 탐색하기	
	조형 영역	가족사진 액자 만들기 신문지 뭉쳐 찍기 꽃잎 · 풀잎 물감 놀이하기	어버이날 꽃 만들기 엄마 브로치 만들기 조부모님의 날 초대장 만들기	유치원 동네 구성하기 여러 가지 집 모양 종이판화 나의 집 만들기
	음률 영역	악기 소리 알아맞히기	생활용품 리듬악기	
	대근육 영역			볼링 놀이
	실외 영역	모래 놀이	아기 인형 목욕시키기	
대소 집단 활동	이야기나누기	우리 가족 소개하기	어버이날 가족의 날 준비 가족의 날 조부모님의 날 준비 조부모님의 날	동네에는 무엇이 있을까?
	동화 · 동극 · 동시	아가 얼굴(동시) 세 마리 곰(음악 동화) 우리 엄마, 아빠 보았니?(동극)	세 마리 염소(동극) 커다란 무(동극) 자장가(동시)	
	노래 · 음악감상 · 악기연주	닮은 곳이 있대요(노래) 커다란 꿀밤 나무 밑에서(노래) 할아버지, 할머니(노래)	엄마(노래) 어린이날(노래) 우리 모두 다 같이(악기연주)	
	율 동	걷기 III 둘이 살짝		스카프 춤
	신 체	냉장고에 음식 넣기(게임)	널빤지 건너기(체육)	수대로 짝짓기(게임) 색깔판 뒤집기(게임) 옆으로 구르기(체육)
	수 학	가족 수 비교하기		우리 집은 몇 층인가요?
	과 학	밀가루 점토 만들기 바나나 우유 만들기		
	사 회		실종 예방 교육	어른께 존댓말 사용하기

※ 본 교재에 수록된 활동은 만 3세 '가족' 생활주제에서 실시하고 있는 교육 활동 중 일부만 소개된 것입니다.

1. 가족의 구성

우리 가족 소개하기 / 가족사진 액자 만들기 / 가족 인형 놀이하기 / 집짓기 / 가족 놀이 / 닮은 곳이 있대요 / 아가 얼굴 / 커다란 꿀밤 나무 밑에서 / 할아버지, 할머니 / 가족 수 비교하기 / 가족 구성원 패턴 만들기 / 세 마리 곰 / 우리 엄마, 아빠 보았니? / 걷기Ⅲ / 냉장고에 음식 넣기 / 둘이 살짝 / 밀가루 점토 만들기 / 모래 놀이 / 신문지 뭉쳐 찍기 / 꽃잎 · 풀잎 물감 놀이하기 / 바나나 우유 만들기 / 악기 소리 알아맞히기

활 동 1

우리 가족 소개하기

집단형태

소집단활동(약 5명)

활동유형

이야기나누기

활동자료

손인형, 인형의 가족 그림, 유아들의 가족사진 파워포인트 자료

TIP 교사가 먼저 가족 소개 시범을 보여줌으로써 유아들이 완성된 문장으로 발표할 수 있도록 도와준다.

활동목표

- 가족의 의미를 안다.
- 가족 구성원의 명칭과 역할을 안다.

활동방법

○ 손인형을 이용해 활동을 소개한다.

- 안녕, 내 이름은 민수야. 오늘 너희들에게 우리 가족을 소개할게. (손인형이 등장하는 가족 그림을 보여주며) 우리 가족은 모두 4명이야. 아빠, 엄마, 나, 동생이 있단다. 우리 아빠는 나랑 공놀이를 잘해주셔. 우리 엄마는 내가 좋아하는 맛있는 음식을 잘 만들어주셔. 내 동생은 3살이야. 나랑 인형 놀이하는 것을 좋아해.
- 너희들도 나처럼 가족을 소개해 줄래? TIP

○ 가족사진 파워포인트 자료를 보며 자신의 가족을 소개한다.

- ○○의 가족사진이에요.
- ○○의 가족은 모두 몇 명인가요?
- (가족 구성원을 한 명씩 짚어가며) 이 분은 누구신가요?
- 아빠는 우리 가족을 위해 무슨 일을 하시나요?
- 엄마는 우리 가족을 위해 무슨 일을 하시나요?
- 나는 우리 가족을 위해 무슨 일을 하나요?

○ 이야기나누기 활동이 끝나고 유아들의 이야기를 정리하여 사진과 함께 전시한다.

유의점

- 편부모 가정이나 조손 가정, 다문화 가정 유아의 경우 활동을 실시하기 전 부모님께 활동 내용에 대해 미리 의논하고 협의하여 유아가 자신의 가족 구성원에 대해 부끄럽게 생각하거나 마음의 상처를 받지 않도록 내용을 조정한다. 또한, 학급 유아들이 다양한 가족 형태가 있음을 알고 존중할 수 있도록 지도한다. 이후 '가족 구성원'과 관련된 활동을 실시할 때에도 이 점을 유의한다.

관련활동

- 조형 영역 '가족사진 액자 만들기' (19쪽 참고)
- 언어 영역 '가족인형 놀이하기' (20쪽 참고)
- 수학 '가족 수 비교하기' (31쪽 참고)

활동 2

가족사진 액자 만들기

활동목표

- 가족 구성원을 알고 사랑하는 마음을 갖는다.
- 여러 가지 재료를 이용하여 창의적으로 조형 작품을 제작한다.

활동방법

○ 재료를 보며 활동방법을 소개한다.
- 조형 책상에 무엇이 준비되어 있나요?
  - 액자틀, 가족사진, 꾸미기 재료가 있다.
- 가족 사진을 넣어 액자를 꾸민 후 집으로 가져갈 거예요.
- 액자를 꾸밀 재료들을 살펴봅시다. 무엇이 있나요?
  - 여러 가지 색과 모양의 단추가 있다.
- CD케이스 안에 사진을 넣고 가장자리에 단추를 붙여 꾸며봅시다.

○ 원하는 색의 색지가 끼워진 CD케이스를 고른다.

○ 유아가 선택한 CD케이스 앞면에 두꺼운 종이를 붙여 주고, 뒷면에 이름스티커를 붙여 준다. TIP

○ 단추의 모양, 색깔, 크기 등을 탐색하며 원하는 단추를 고른다.
- 이 단추는 어떤 모양인가요? 어떤 색인가요?
- 이 단추는 크기가 아주 작네요. 큰 단추도 찾아보세요.
- ○○는 무슨 색을 좋아하나요?

○ CD케이스 앞면 중 두꺼운 종이가 붙어있지 않은 공간에 목공풀로 단추를 붙인다.

○ 완성된 가족사진 액자는 건조대 위에 올려두어 단추가 고정되도록 한다.

○ 목공풀이 마르면 액자 안에 들어 있는 색지를 꺼내 유아의 가족사진을 붙인 후 다시 넣는다.

유의점

- 자료 준비 시 유해성분 함유 여부를 확인한 뒤 제시한다.
- 활동 시 유아들이 목공풀을 바르게 사용할 수 있도록 지도 · 감독 한다.

관련활동

- 이야기나누기 '우리 가족 소개하기' (18쪽 참고)

집단형태

자유선택활동

활동유형

조형 영역

활동자료

색지를 끼운 CD케이스, 각종 단추, 밝은 색깔의 색지, 두꺼운 종이, 목공풀, 목공풀판, 다 쓴 펜대, 셀로판테이프, 이름스티커, 건조대, 교사가 미리 만들어 놓은 액자

TIP 교사는 유아가 액자를 꾸미기 전, CD케이스 앞면 가족사진이 들어갈 부분에 사진과 동일한 크기의 두꺼운 종이를 붙여준다. 유아들이 액자를 꾸밀 때 두꺼운 종이가 붙어있는 곳을 제외한 나머지 부분을 꾸밀 수 있도록 지도한다. 액자가 완성되면 두꺼운 종이를 떼어서 다른 유아의 활동 시 재사용하도록 한다.

완성된 가족사진 액자

활 동 3 가족 인형 놀이하기

집단형태

자유선택활동

활동유형

언어 영역

활동자료

가족 인형(예: 할아버지, 할머니, 아버지, 어머니, 언니, 오빠, 나, 동생 등), 가구 소품

'가족 인형 놀이하기' 활동자료

TIP 유아들이 특정 가족 구성원만을 선호할 경우 교사가 적절히 개입하여 다양한 가족 구성원을 선택하여 놀이할 수 있도록 한다.

가구 소품으로 집 구성하기

가족 인형 놀이하기

활동목표

- 나는 가족의 중요한 구성원임을 안다.
- 가족 구성원의 명칭과 역할을 안다.
- 친구와 함께 가족 인형 놀이를 하면서 협동심을 기른다.

활동방법

○ 교사가 가족 인형을 보여주며 가족 인형 놀이를 제안한다.
- (가족 인형을 하나씩 제시하며) 어떤 인형인가요?
- 이 인형들로 함께 가족 놀이를 해봅시다.

○ 유아들과 역할을 정하고 놀이를 계획한다.
- 엄마(아빠, 할아버지, 할머니 등) 인형을 누가 맡을까요? TIP
- 엄마(아빠, 할아버지, 할머니 등)는 무슨 일을 한다고 할까요?
- 언니(오빠, 동생 등)는 몇 살이라고 정할까요?

○ 가구 소품으로 집을 구성한다.
- 가족들이 살 집을 만들어봅시다.
- 엄마(아빠, 할아버지, 할머니 등)가 지내는 곳은 어디인가요?
- 엄마(아빠, 할아버지, 할머니 등)에게 무엇이 필요한가요?

○ 가족 인형 놀이를 한다.

유의점

- 교사도 가족 구성원이 되어 유아와 함께 놀이하면서 놀이하는 방법이나 아이디어를 제시하여 유아들이 흥미를 갖고 참여할 수 있도록 도와준다.

관련활동

- 이야기나누기 '우리 가족 소개하기' (18쪽 참고)
- 역할 놀이 영역 '가족 놀이' (22쪽 참고)
- 수학 · 조작 영역 '가족 구성원 패턴 만들기' (32쪽 참고)

활동 4 집짓기

활동목표

- 집의 형태와 구조를 안다.
- 블록을 이용하여 창의적으로 집을 짓는다.

활동방법

○ 유아들과 함께 지을 집의 모양과 크기를 정한다.

- 어떤 모양의 집을 지을까요?
- 어떤 블록을 사용할까요?
- 이 집은 누가 사는 집인가요?
- 이 집에는 몇 명이 살고있나요?
- 얼마나 크게 만들어야 할까요?

○ 집의 내부를 구성하여 집을 짓는다. TIP

- 이 집의 문은 어디에 있나요?
- 이 집에는 어떤 방이 있나요?
- 이 집의 식당은 어디인가요?

○ 집 안에 필요한 소품을 찾아오거나 만든다.

- 집 안에는 무엇이 필요할까요? 집 안에 무엇이 있어야 할까요?
- 식탁은 무엇으로 할까요?
- 침대는 무엇으로 할까요?

관련활동

- 역할 놀이 영역 '가족 놀이' (22쪽 참고)
- 조형 영역 '나의 집 만들기' (108쪽 참고)

집단형태

자유선택활동

활동유형

쌓기 놀이 영역

활동자료

종이 벽돌 블록, 집짓기 블록

TIP 쌓기 놀이 영역의 블록뿐만 아니라 역할 놀이 영역의 여러 가지 소품을 이용하여 각 방의 용도에 알맞게 꾸밀 수 있도록 교사가 도움을 준다.

종이 벽돌 블록으로 집짓기

집의 내부 구성하기

활동 5 가족 놀이

집단형태

자유선택활동

활동유형

역할 놀이 영역

활동자료 TIP 1

· 주방설비 및 소품: 가스레인지, 개수대, 냉장고, 그릇장, 음식 소품(예: 빵, 떡, 과일, 야채 등), 그릇(예: 냄비, 프라이팬, 접시, 밥그릇, 국그릇 등), 수저

· 의류장 및 소품: 옷걸이, 서랍장, 화장대, 신발장, 의류(예: 드레스, 정장, 앞치마, 모자, 넥타이 등), 신발(예: 남녀 구두, 운동화 등), 액세서리(예: 목걸이, 팔찌, 반지, 귀걸이, 머리띠, 머리핀 등), 빈 화장품 용기, 거울, 빗

TIP 1 역할 놀이 영역을 집과 같은 안락한 분위기로 구성하고 벽면에 가족의 사진이나 그림을 붙인다.

TIP 2 유아들이 특정 가족 구성원만을 선호할 경우 교사가 적절히 개입하여 다양한 가족 구성원의 역할을 선택하여 놀이할 수 있도록 한다.

활동목표

- 가족 구성원을 부르는 명칭을 안다.
- 가족 구성원의 역할에 대해 안다.
- 친구와 함께 놀이를 하면서 협동심을 기른다.

활동방법

○ 교사가 손님이나 가족 구성원이 되어 놀이에 자연스럽게 개입하여 가족 놀이를 시작한다. TIP 2

- 안녕하세요. 옆집에 사는 사람인데 새로 이사 왔어요. 여기는 누구네 집인가요? 아빠는 누구신가요? 엄마는 누구신가요?

○ 여러 가지 상황을 만들어 가족 놀이를 한다.

| 상황 1 : 가족이 함께 저녁식사 준비하기 |

- 저녁을 먹을 시간이에요. 우리 가족이 함께 모여서 저녁준비를 해요. 어떤 음식을 만들까요? 엄마, 아빠와 함께 만들어요.

가족이 함께 식사 준비하기

| 상황 2 : 아기 돌보기 |

- ○○야, 동생이 울고 있구나. 동생을 안아서 달래 주겠니?
- 아기가 배고픈가 봐요. 우유를 주어야겠어요.
- 아기를 유모차에 태우고 함께 산책을 나가요.

유의점

- 유아들이 성 역할에 대한 고정관념을 갖지 않도록 지도한다. 예를 들어 아빠나 형(오빠) 역할을 맡은 남자 유아도 앞치마를 입고 가족을 위해 음식을 만들며 놀이하도록 한다.

관련활동

- 쌓기 놀이 영역 '집짓기' (21쪽 참고)
- 언어 영역 '가족 인형 놀이하기' (20쪽 참고)

활 동
6 닮은 곳이 있대요

집단형태

대집단활동

활동유형

노래

활동자료

철판, 자석 자료(아빠 얼굴, 아이 얼굴, 얼굴 각 부위 그림 자료), 트라이앵글

'닮은 곳이 있대요' 노래 자료

활동목표

- 나는 가족의 중요한 구성원임을 안다.
- 얼굴 각 부위의 명칭을 안다.
- 가족과 닮은 얼굴 생김새에 관심을 갖는다.

활동방법

○ 노래 자료를 이용하여 노랫말을 소개한다.
- (아이 얼굴 그림 자료를 붙이며) 누구의 얼굴일까요?
  - 어린이
- (아빠 얼굴 그림 자료를 붙이며) 이것은 누구의 얼굴일까요?
  - 아빠
- 이 어린이와 아빠의 얼굴을 잘 보면 닮은 곳이 있대요. 어떤 부분이 닮았는지 살펴봅시다.
- 눈썹은 어떤가요? 눈은 어떤가요? 코가 닮았나요? 입은 어떤가요?
- 이 어린이와 아빠는 어느 부분이 가장 많이 닮았나요?
- ○○○반 어린이들은 아빠와 어떤 곳이 닮았나요?

○ 교사의 노래를 듣는다.

○ 멜로디를 듣는다.

○ 교사와 유아가 나누어 부른다.
- 교사 : 아빠하고 나하고 닮은 곳이 있대요
  아빠하고 나하고 닮은 곳이 있대요.
- 유아 : 눈 땡! 코 땡! 입 딩동댕! TIP 1

○ 교사와 유아가 나누어 부른다.
- 유아 : 아빠하고 나하고 닮은 곳이 있대요
  아빠하고 나하고 닮은 곳이 있대요
- 교사 : 눈 땡! 코 땡! 입 딩동댕! TIP 1

○ 다 함께 부른다.

○ 노랫말 중 '아빠'를 '엄마'나 다른 가족구성원으로 바꾸어 부른다. TIP 2

○ 유아들이 알고 있는 가족 관련 노래를 부른다.

TIP 1 '땡'과 '딩동댕' 부분을 부를 때 교사가 트라이앵글을 연주한다.

TIP 2 유아들이 노래에 익숙해지면 노랫말을 바꾸어 부른다. 다른 가족 구성원(예 : 할머리, 할아버지 등)으로 바꾸어 부르거나 신체 부위를 바꾸어 부른다.

확장활동

- 가족의 날, 조부모님의 날 등 각종 가족 관련 행사에서 본 노래를 부를 수 있다.

관련활동

- 동시 '아가 얼굴' (26쪽 참고)

악 보

닮은 곳이 있대요

작사 · 곡 김성균

활동 7

아가 얼굴

집단형태

대집단활동

활동유형

동시

활동자료

그림 자료 게시판, 배경음악

'아가 얼굴' 동시 자료

활동목표

- 가족 구성원을 부르는 명칭을 안다.
- 반복된 구절을 낭송하며 운율을 느낀다.

활동방법

○ 교사가 동시를 들려준다.

- 오늘은 김원석 작가가 지은 '아가 얼굴' 동시를 들려줄게요.

○ 동시를 듣고 난 후 느낌과 생각을 나눈다.

- 동시를 들으니 어떤 생각이 들었나요?
- 동시에 나온 아기 얼굴에 누가 숨어 있다고 했나요?

○ 자료를 조작하며 교사가 다시 한 번 동시를 들려준다.

○ 교사를 따라서 동시를 낭송한다.

- 선생님을 따라서 낭송해보세요.

○ 교사와 유아가 나누어서 동시를 낭송한다.

- ○○○반 어린이들이 '아가의 얼굴은 엄마의 얼굴, 아가의 얼굴은 아빠의 얼굴' 부분을 낭송하면 선생님이 뒷부분을 낭송할게요.

○ 교사와 유아가 함께 동시를 낭송한다. 낭송 시, 교사는 각 행을 미리 알려주어 유아들의 낭송을 돕는다.

관련활동

- 노래 '닮은 곳이 있대요' (24쪽 참고)

동 시

아가 얼굴

김원석

아가의 얼굴은
엄마의 얼굴

아가의 얼굴은
아빠의 얼굴

아빠 얼굴 조금
엄마 얼굴 조금

아가 얼굴 속에
숨어있어요.

활동 8 커다란 꿀밤 나무 밑에서

집단형태

대집단활동

활동유형

노래

활동자료

블록으로 만든 나무 TIP 1, 밤 그림, 인형(예: 동생, 언니, 오빠, 아빠, 엄마, 할머니, 할아버지 등 다양한 가족 구성원 등), 낮은 책상

'커다란 꿀밤 나무 밑에서' 노래 자료

TIP 1 나무 모양 블록 사이에 철사를 감아 밤 그림을 매달아 제작한다.

TIP 2 유아들의 이야기를 들으며 언니나 누나 외의 다른 형제들과의 경험도 말할 수 있도록 격려한다.

TIP 3 누나, 오빠, 형, 엄마, 아빠 등 다른 가족 구성원으로 노랫말을 바꾸어 부른다. 해당 가족 구성원 인형을 사용하여 노랫말을 미리 알려준다.

활동목표

- 가족 구성원을 부르는 명칭을 안다.
- 가족을 사랑하는 마음을 갖는다.

활동방법

○ 노래 자료를 이용하여 노랫말을 소개한다.
- (꿀밤나무 아래에 동생과 언니 인형을 세워놓는다. 동생 인형을 유아들 쪽으로 내밀며) 안녕! 나는 민지라고 해. 나에게는 사랑하는 언니가 있어. 저기 커다란 꿀밤 나무 밑에 있는 사람이 우리 언니야. 너희들도 언니나 누나가 있니?
- 너희들은 언니나 누나와 함께 무엇을 하고 노는 것이 가장 재미있니? TIP 2
- 나는 언니랑 같이 커다란 꿀밤 나무 밑에서 노는 것이 가장 재미있어.

○ 교사의 노래를 듣는다.

○ 멜로디를 듣는다.

○ 교사와 유아가 나누어 부른다.
- ○○○반 어린이들은 '언니하고 나하고' 부분만 불러보세요.

○ 노랫말을 바꾸어 부른다.
- 언니 말고 또 누구와 함께 노는 것이 재미있나요? TIP 3

○ 유치원에서 배웠던 다른 노래를 부른다.

악 보

커다란 꿀밤 나무 밑에서

작사 미상
미국 민요

활동 9 할아버지, 할머니

집단형태

대집단활동

활동유형

노래

활동자료

가족 인형(예: 나, 아빠, 엄마, 할아버지, 할머니 등), 낮은 책상

활동목표

- 가족 구성원을 부르는 명칭을 안다.
- 조부모님과 나와의 관계를 안다.
- 조부모님께 감사하는 마음을 갖는다.

활동방법

○ 가족 인형을 이용하여 이야기를 들려준다.

- 정윤 : 안녕! 나는 정윤이라고 해. 놀이공원에 가고 싶은데…. 누구에게 부탁하지? 아빠를 불러야겠다. 아빠~

  아빠 : 그래, 정윤아.

  정윤 : 아빠, 저랑 놀이공원에 가요.

  아빠 : 아빠는 지금 회사에 가야 한단다. 할아버지 할머니께 부탁드려 보자꾸나. 아버지! 어머니!

  (할아버지, 할머니 인형이 등장한다.)

  정윤 : 할아버지, 할머니! 저랑 놀이공원에 가요.

  할아버지, 할머니 : 그래, 그러자꾸나.

  정윤 : 할아버지, 할머니 고맙습니다!

○ 할아버지, 할머니와 함께 했던 경험을 이야기한다.

- 할아버지, 할머니와 함께 무엇을 했을 때가 가장 재미있었나요?
- 할아버지, 할머니께서 활짝 웃으실 때가 언제인가요? 할아버지, 할머니께서 좋아하시는 것은 무엇일까요?
- 할아버지, 할머니께서 우리들에게 무엇을 해주셨나요?
- ○○○반 어린이들이 할아버지, 할머니를 기쁘게 해드리기 위해서 어떤 일을 했었나요?

○ 교사의 노래를 듣는다.

- 할아버지, 할머니를 생각하며 부르는 노래가 있어요. 선생님의 노래를 들어보세요.

○ 멜로디를 듣는다.

○ 교사와 유아가 나누어 부른다.

• 교사 : 할아버진 아빠의 아빠이고요

• 유아 : 할머니는 아빠의 엄마이지요

◯ 교사와 유아가 함께 처음부터 끝까지 부른다.

◯ 노랫말을 바꾸어 부른다. TIP

> **TIP** 만 3세 유아들에게 친조부모와 외조부모에 대한 개념이 어려울 수 있으므로, 명칭을 소개하는 것에 초점을 맞추어 활동을 진행한다.

■ 엄마의 아빠는 누구일까요?

• 외할아버지

■ 엄마의 엄마는 누구일까?

• 외할머니

■ 이번에는 아빠 대신 엄마를 노랫말에 넣어서 불러볼 거예요. 먼저 선생님의 노래를 들어보세요.

◯ 다함께 부른다.

◯ 유치원에서 배웠던 다른 노래를 부른다.

◯ 2, 3절은 유아들이 노래에 익숙해지면 함께 불러볼 수 있다.

관련활동

■ 이야기나누기 '조부모님의 날 준비' (77쪽 참고)

■ 이야기나누기 '조부모님의 날' (81쪽 참고)

악 보

할아버지 할머니

작사 유경손
작곡 심복귀

활동 10 가족 수 비교하기

활동목표

- 가족의 구성에 대하여 안다.
- 1~10까지의 수를 세고 크기를 비교한다.

활동방법

○ 가족사진을 보며 가족 구성원을 소개하고 수를 알아본다.
- 우리 가족이 모두 몇 명인지 세어봅시다.
- ○○ 의 가족은 모두 몇 명인가요?
- 가족 수만큼 숫자 스티커를 붙여보세요.

○ 가족 구성원의 수를 소개하며 서로의 가족 구성원 수를 비교해본다.
- ○○ 처럼 가족이 모두 ◇명인 사람은 손을 들어보세요. 가족사진에 숫자 ◇이라고 표시한 사람은 누구인가요?
- 가족 수가 같은 사람들끼리 모아봅시다.
- ○○ 의 가족 수가 더 많을까요? ◇◇의 가족 수가 더 많을까요?
- 가족 수가 많은(적은) 사람들부터 순서대로 놓아봅시다.

○ 가족 수가 같은 유아들끼리 하나의 그룹으로 묶어서 가족 수를 나타내는 숫자와 함께 교실 벽면에 전시한다.

관련활동

- 이야기나누기 '우리 가족 소개하기' (18쪽 참고)
- 조형 영역 '가족사진 액자 만들기' (19쪽 참고)
- 신체 '수대로 짝짓기' (111쪽 참고)

집단형태

소집단활동(약 5명)

활동유형

수학

활동자료

유아들의 가족사진, 숫자 스티커(1~10, 유아 수만큼)

활 동 11

가족 구성원 패턴 만들기

집단형태

자유선택활동

활동유형

수학 · 조작 영역

활동자료

가족 구성원 그림 자료 5개씩, 패턴을 만들기 위한 판 3개

'가족 구성원 패턴 만들기' 활동자료의 예

활동목표

- 가족 구성원을 부르는 명칭을 안다.
- 물체의 배열에서 규칙성을 인식한다.

활동방법

○ 수학 · 조작 교구의 구성물을 살펴본다.

- 무엇이 있나요?
  - 가족 구성원 그림, 판이 있다.
- 가족 중 누구를 그렸을까요?
  - 엄마, 아빠, 할아버지, 할머니, 언니, 오빠, 나, 동생
- 가족 그림이 순서대로 놓여 있는 판도 있어요.

○ 가족 구성원 패턴 판을 살펴보며 놀이방법에 따라 놀이한다.

- (가족 구성원 패턴 판을 보여주며) 여기 놓여 있는 가족 그림의 순서를 살펴봅시다.
- 비어 있는 칸에는 어떤 그림을 놓아야 할까요?

○ 교사가 유아와 함께 새로운 패턴을 만든다.

- 우리가 가족 그림으로 순서를 만들어 봅시다.
- (가족 구성원 그림 자료를 판 위에 놓으면서) 선생님은 아빠, 엄마, 동생, 아빠, 엄마, 동생 순서로 그림을 놓아볼 거예요. 선생님과 함께 그림을 놓아봅시다.
- 이제 누구의 그림을 놓으면 될까요?

○ 유아들이 자유롭게 가족 구성원 패턴을 만든다.

- 이번에는 어떤 순서로 만들어 볼까요?

관련활동

- 이야기나누기 '우리 가족 소개하기' (18쪽 참고)
- 언어 영역 '가족 인형 놀이하기' (20쪽 참고)

활동 12 세 마리 곰

가족의 구성

가족 사랑

가족이 사는 동네

활동목표

- 가족 구성원을 부르는 명칭을 안다.
- 음악동화를 감상한다.

활동방법

○ 음악동화 활동을 소개한다.

- 선생님이 노래로 만들어진 동화를 들려줄 거예요. 동화의 제목은 '세 마리 곰'이에요. 잘 들어보세요.

○ '세 마리 곰' 음악에 맞추어 동화를 들려준다. TIP 2

집단형태

대집단활동

활동유형

동화

활동자료

동화 자료 TIP 1, '세 마리 곰' 음악이 녹음된 테이프, 카세트테이프 플레이어 혹은 피아노

TIP 1 동화 '곰 세 마리'를 대집단으로 볼 수 있도록 Table 동화로 제작하여 음악에 맞추어 조작한다.

TIP 2 반주가 가능한 경우, 반주에 맞추어 노래를 부르며 동화를 들려준다. 반주가 불가능한 경우 음이 녹음된 Tape를 활용한다.

악 보

세 마리 곰

작곡 Frank Luther
옮김 안희옥 · 이은화

A.

B. 곰 세 마리가 차례로 인사하면서

C. 의자를 차례로 옮겨 놓으면서

D. 밥상 위에 죽그릇을 놓으면서

E. 침대를 만지며

F. 옥순이가 산속으로 소풍 나온다.

G. 옥순이가 곰집 안으로 들어간다.

H. 옥순이가 침실로 들어간다.

옥순이가 잠을 잔다.

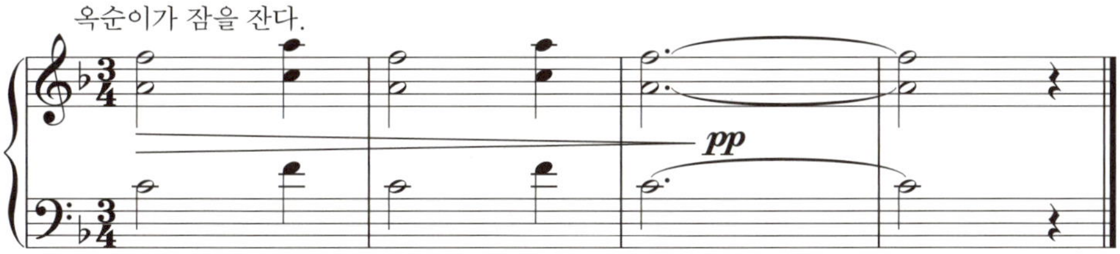

I. 소풍 나갔던 곰 세 식구가 집으로 돌아온다.

행진곡 같이

J. 식당에서
(아빠곰) 아 니 누 가 여 기 들 와 왔 나 보 다 —
아 니 누 가 내 죽 을 맛 봤 나 보 다 —
(엄마곰) 아 니 누 가 여 기 들 와 왔 나
아 니 누 가 내 죽 을 맛 봤 나
보 다 —
보 다 —
(아기곰) 아 니 누 가 여 기 들 와 왔 나 보 다 — 내 의 — 자
아 니 누 가 내 죽 을 맛 봤 나 보 다 — 다 먹 — 었
가 망 가 — 졌 네 잉 잉
네 다 먹 — 었 네 잉 잉
이층 침실로 올라간다.
K. 침실에서
아 니 누 가 내 침 대 누 웠 었 나 봐 —

L. 옥순이 놀라서 일어난다.

M. 옥순이가 도망간다.

N.

※ 출처: 이은화 · 김순세(1973). **어린이 춤곡**. 형설출판사.

활동 13 우리 엄마, 아빠 보았니?

집단형태
중집단활동(약 10명)

활동유형
동극

활동자료
그림자막, OHP필름, OHP (투시물 환등기)

TIP 1 그림자극을 실시하기 전 유아들이 다양한 사전활동을 통해 그림자를 탐색하고 만드는 경험을 충분히 갖도록 한다.

TIP 2 그림자극에 등장하는 동물은 유아들의 의견을 반영하여 달라질 수 있다. 그림자극의 특성상 실루엣만으로도 역할의 성격이 잘 드러나야 하므로 생김새나 움직임 등 명확한 특징이 있는 동물로 선정한다.

TIP 3 그림자극은 관객들이 그림자만으로도 어떤 동물인지 알 수 있어야 하므로 역할을 맡은 유아들이 각 동물의 생김새나 움직임을 크게 표현하도록 격려한다.

활동목표

- 가족의 소중함을 느낀다.
- 동화의 내용을 이해하고 기억한다.
- 동물의 움직임을 그림자극으로 표현한다.

활동방법

○ 활동을 소개한다.

- 동화를 듣고 그림자를 만들어 동극을 할 거예요. TIP 1

○ 동화를 들려준 후 유아들과 함께 등장인물을 정한다. TIP 2

- 엄마, 아빠를 잃어버린 나비가 동물 친구들을 만나 엄마, 아빠를 찾는 이야기에요.
- ○○○반 어린이들이 원하는 동물로 바꿀 수 있어요. 나비가 어떤 동물을 만난다고 할까요?

○ 동극의 역할을 정한 후 맡은 역할을 표현한다.

- 어떤 동물들이 나오기로 했나요?
- (유아들이 선정한 동물을 하나씩 이야기하며) ○○가 하고 싶은 사람은 손을 들어보세요.
- 그림자 막 뒤로 가서 ○○의 모습을 보여주세요.

○ 교사는 해설자가 되어 유아들과 선정한 동물들이 등장하는 이야기를 들려주며 동극을 진행한다. 이때 교사는 역할을 맡은 유아들이 자신의 차례를 알고 등장할 수 있도록 지문을 통해 안내한다. 역할을 맡은 유아들은 교사의 이야기를 듣고 자신의 차례에 그림자 막 뒤로 가서 몸짓으로 동물을 표현한다. TIP 3

기린 표현하기

호랑이 표현하기

나비 표현하기

○ 그림자극 활동을 마치고 재미있었던 점에 대해 이야기를 나눈다.

관련활동

- 과학 '그림자 탐색하기' (97쪽 참고)

동 화

※아래에 제시되어 있는 동극 대본은 유아들이 동극에 등장하는 인물로 나비, 개구리, 호랑이, 벌을 정한 경우이다.

우리 엄마, 아빠를 보았니?

어느 날 아기 나비는 소풍을 나왔다가 그만 엄마, 아빠를 잃어버렸습니다. 울고 있는 아기 나비에게 개구리가 펄쩍펄쩍 뛰어서 다가왔습니다.

개 구 리 나비야, 왜 울고 있니?
아기 나비 엄마, 아빠를 잃어버렸어. 우리 엄마, 아빠를 보았니?
개 구 리 아니. 하지만 너의 엄마, 아빠를 보게 되면 알려줄게.

그리고 개구리는 펄쩍펄쩍 뛰어서 가버렸습니다. 조금 있다가 목이 긴 기린이 아기 나비를 찾아왔습니다.

기 린 나비야, 왜 울고 있니?
아기 나비 엄마, 아빠를 잃어버렸어. 우리 엄마, 아빠를 보았니?
기 린 아니. 하지만 너의 엄마, 아빠를 보게 되면 알려줄게.

목이 긴 기린도 그만 가버렸습니다. 조금 있다가 얼굴에 수염이 난 호랑이가 아기 나비를 찾아왔습니다.

호 랑 이 나비야, 왜 울고 있니?

아기 나비 엄마, 아빠를 잃어버렸어. 우리 엄마, 아빠를 보았니?
호 랑 이 아니. 하지만 너의 엄마, 아빠를 보게 되면 알려줄게.

호랑이도 성큼성큼 걸어서 가버렸습니다. 조금 있다가 빠르게 날갯짓을 하는 벌이 아기 나비를 찾아왔습니다.

벌 나비야, 왜 울고 있니?
아기 나비 엄마, 아빠를 잃어버렸어. 우리 엄마, 아빠를 보았니?
벌 아니. 하지만 너의 엄마, 아빠를 보게 되면 알려줄게.

벌은 빠르게 날갯짓을 하며 가버렸습니다. 그 때 어디선가 엄마, 아빠 나비의 목소리가 들려왔습니다.

엄마, 아빠 나비 아기 나비야? 어디 있니?
아기 나비 엄마, 아빠. 여기 있어요.

아기 나비는 엄마, 아빠 나비의 목소리를 따라 날아갔습니다. 엄마, 아빠 나비도 아기 나비의 목소리를 듣고 날아왔습니다. 아기 나비를 찾게 된 엄마, 아빠 나비는 너무 기뻐서 아기 나비를 꼭 껴안아 주었습니다.

활동 14

걷기 Ⅲ

집단형태

중집단활동(약 10명)

활동유형

율동

활동자료

북, 북채, 피아노, 악보

TIP 1 '봄' 생활주제에 제시되어 있는 북소리에 맞추어 걷는 활동인 '걷기Ⅰ', '걷기Ⅱ'를 실시한 후 본 활동을 실시하도록 한다. 활동 전개 시 교사는 유아들이 소리의 차이를 명확하게 느낄 수 있도록 북을 친다.

TIP 2 손뼉 대신에 무릎을 칠 수도 있다.

활동목표

- 몸의 각 부위를 균형 있게 움직인다.
- 안정된 자세로 걷는다.
- 소리의 강약, 빠르기, 쉼을 이해하고 몸으로 표현한다.
- 즐거운 마음으로 몸을 움직인다.

활동방법

○ 다양한 북소리(큰/작은 북소리, 빠른/느린 북소리)에 맞추어 유희실을 자유롭게 걷는다. TIP 1

○ 느린 북소리에 맞추어 제자리에 돌아와 앉는다.

○ 활동을 소개한다.

- 오늘은 피아노 소리에 맞추어서 걸어볼 거예요.
- 피아노 소리(보통 빠르기)를 들어보세요.
- 이번에는 피아노 소리에 맞추어 손뼉을 쳐보세요.
- (유아들이 손뼉을 치던 중 갑자기 피아노 소리를 멈추며) 소리가 나지 않을 때는 어떻게 해야 할까요?
  - 손뼉을 치지 않는다.
- 다시 피아노 소리에 맞추어 손뼉을 쳐봅시다. TIP 2
- 이번에는 피아노 소리에 맞추어 걸어볼 거예요.
  - 유아 2~3명이 나와서 피아노 소리에 맞추어 걷는 모습을 보여준다.
  - 반집단씩 나와서 피아노 소리에 맞추어 걷는다.

○ 피아노 소리의 강약에 변화를 주어 비교한다.

- 이번에는 선생님이 조금 다르게 피아노를 칠 거예요. 방금 전 들었던 피아노 소리와 어떻게 달라지는지 들어보세요.
  - 피아노를 크게 친다.
- 소리가 어떻게 다른가요?
  - 더 커졌다.
- 다시 한 번 들려줄게요. 이번에는 피아노 소리가 어떻게 달라지는지 들어보세요.
  - 피아노를 작게 친다.

■ 소리가 어떻게 달라졌나요?

• 더 작아졌다.

■ 방금 우리가 들었던 피아노 소리에 맞추어서 손뼉을 칠 거예요. 피아노 소리를 잘 들어보세요. TIP 3

• 큰 소리에 맞추어 손뼉을 크게 친다.

• 소리가 들리지 않으면 손뼉을 멈춘다.

• 작은 소리에 맞추어 손뼉을 작게 친다.

○ 강약에 변화를 준 음악 소리에 맞추어 걷는다.

■ 이번에는 피아노 소리에 맞추어 걸을 거예요. 소리를 잘 듣고 노래에 맞추어 걸어보세요.

• 유아 2~3명이 나와서 강한 소리에 맞추어 씩씩하게 걷고, 약한 소리에 맞추어 살금살금 걷는다.

• 반집단씩 나와서 피아노 소리에 맞추어 걷는다.

○ 피아노 소리의 속도에 변화를 주어 비교한다.

■ 이번에는 선생님이 조금 다르게 피아노를 칠 거예요. 방금 전 들었던 피아노 소리와 어떻게 달라지는지 들어보세요.

• 피아노를 느리게 친다.

■ 소리가 어떻게 다른가요?

• 더 느려졌다.

■ 이번에는 피아노 소리가 어떻게 달라지는지 들어보세요.

• 피아노를 빠르게 친다.

■ 소리가 어떻게 달라졌나요?

• 더 빨라졌다.

■ 달라진 소리에 맞추어 손뼉을 칠거예요. 느린 곡과 빠른 곡에 맞추어서 손뼉을 쳐보세요.

• 느린 소리에 맞추어 손뼉을 친다.

• 소리가 들리지 않으면 손뼉을 멈춘다.

• 빠른 소리에 맞추어 손뼉을 친다.

○ 빠르기에 변화를 준 음악 소리에 맞추어 걷는다.

■ 이제 피아노 소리에 맞추어 걸어보세요.

• 유아 2~3명이 나와서 피아노 소리에 맞추어 빠르게 혹은 느리게 걷는다.

• 반집단씩 나와서 걷는다.

○ 반집단씩 나와서 다양한 피아노 소리에 맞추어 걷는다. 교사는 피아노를 보통 빠르기로 쳐 주기도하고 느리게 혹은 빠르게, 강하게 혹은 약하게 쳐 주기도 한다. 갑자기 피아노치는 것을 멈추기도 한다.

TIP 3 한 곡의 흐름 안에서 소리의 변화를 줄 때 유아들이 소리의 차이를 명확히 인식하고 동작으로 표현하는 것은 쉽지 않다. 그러므로 소리의 변화를 주기 전 잠시 멈추어 유아들이 각각의 소리의 차이를 명확하게 인식할 수 있도록 한다.

◯ 모든 유아들이 나와서 다양한 피아노 소리에 맞추어 걷기를 한다.

◯ 바닥에 누워 눈을 감고 30초간 휴식한다.

피아노 소리에 맞추어 걷기

유의점

- 걷기와 같은 기본 율동은 음률활동의 전, 후에 배치하여 지속적으로 실시한다.
- 빠르기와 강약의 요소를 연합하여 '빠르고 큰 소리/느리고 작은 소리' 처럼 연주하는 경우 유아들이 이를 인식하고 동작으로 표현하기 어렵다. 피아노나 북으로 연주할 때 소리의 한 가지 요소만 변화를 주어 유아들이 변화를 명확히 인식하도록 한다.
- '빠르게 걷기' 를 '달리기' 와 혼동하는 유아들이 있으므로 걸을 수 있도록 지도한다. 피아노 반주를 칠 때에도 유아들이 빠르게 걷는 속도를 염두에 두고 조정한다.

관련활동

- 율동 '걷기 I' (생활주제 '봄' 77쪽 참고)
- 율동 '걷기 II' (생활주제 '봄' 100쪽 참고)

악 보

줄 따라 걷자
(Walking)

※ 출처 : 이은화 · 김순세(1973). **어린이 춤곡**. 형설출판사.

활동 15

냉장고에 음식 넣기

가족의 구성

가족 사랑

가족이 사는 동네

활동목표

- 민첩성을 기른다.
- 게임의 규칙을 준수한다.

활동방법

○ 교사를 중심으로 유아들이 양쪽으로 나누어 의자에 앉는다.

○ 게임 준비물을 살펴보며 게임 방법에 대해 이야기한다.

- 선생님 맞은편에 무엇이 놓여 있나요?
  - 쟁반, 여러 가지 음식 모형이 있다.
- (손으로 가리키며) 벽에는 무엇이 있나요?
  - 냉장고
- 어떤 게임을 하려는 걸까요?
  - 쟁반에서 음식을 하나 꺼내서 손에 쥐고 냉장고까지 달려간 후, 냉장고 문을 열어 음식 모형을 넣고 돌아온다.
- 이 게임은 양쪽에서 한 명씩 나와서 하는 게임이에요.

○ 교사 또는 유아 중 1~2명이 나와서 시범을 보인다.

- 발바닥 표시에 서서 준비를 하고 있다가, 선생님이 출발 신호를 하면 음식을 들고 뛰어가서 냉장고에 넣고 돌아오는 거예요.

○ 게임을 한다. TIP 3

- ○○와 ◇◇는 앞으로 나와 출발선에 서세요.
- 준비, 출발!

○ 시간 여유가 있을 경우 2차 게임을 한다. 2차 게임은 냉장고에 있는 음식을 꺼내어 바구니에 정리하는 것으로 게임 방법을 변경한다.

쟁반에서 음식 모형 꺼내기

냉장고에 음식 넣기

집단형태

중집단활동(약 10명)

활동유형

신체(게임)

활동자료

음식 모형(유아 수만큼) TIP 1, 냉장고 2개 TIP 2, 발바닥 모양 표시판 2쌍(출발선), 신호악기

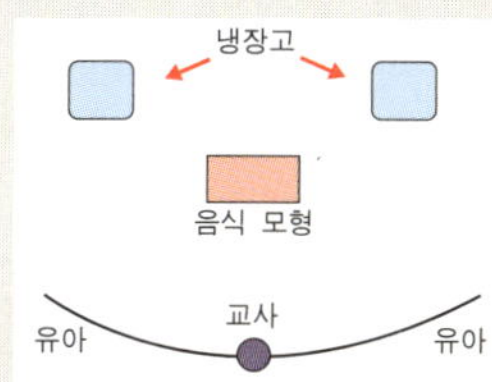

'냉장고에 음식 넣기' 게임 대형

TIP 1 게임에 사용하는 음식 모형은 유아가 손에 들고 이동하기 적합한 크기로 준비한다.

TIP 2 유아가 음식 모형을 넣기 위해 냉장고 문을 열었을 때 냉장고가 움직이지 않도록 벽면이나 바닥에 고정시키도록 한다.

TIP 3 음식을 들고 뛰다가 떨어뜨렸을 때에는 다시 주워서 게임을 계속할 수 있도록 지도한다.

활동 16

둘이 살짝

집단형태

중집단활동(약 10명)

활동유형

율동

활동자료

피아노

활동목표

- 노랫말에 맞게 몸을 움직인다.
- 친구와 함께 즐거운 마음으로 율동을 한다.

활동방법

○ 교사 앞에 자유대형으로 모여 앉는다.

○ '둘이 살짝' 노래를 들려주며 활동을 소개한다.

- 오늘은 '둘이 살짝' 노래에 맞추어 율동을 해볼 거예요. 노래를 잘 듣고 몸을 어떻게 움직일지 생각해보세요.

○ 교사가 한 명의 유아와 함께 율동을 시범보이며 동작을 설명한다.

- 이 율동은 친구와 짝이 되어서 두 명이 함께 하는 율동이에요.
- 선생님이 노래에 맞추어 율동하는 모습을 보여줄게요.

① 둘이 살짝 손잡고

- 두 명씩 짝이 되어 서로 마주보고 서세요.
- '둘이 살짝 손잡고'에서 친구와 손을 잡으세요.

② 빙글빙글 돌아요

- 그리고 친구와 손을 잡은 채 한 바퀴 도는 거예요. TIP 1

③ 둘이 살짝 손잡고 빙글빙글 돌아요.

- 다시 한 번 친구와 손을 잡고 한 바퀴 도세요.

④ 내 무릎 치고 친구 손뼉 치고

- 그 자리에 서서 내 무릎을 세 번 쳐보세요.
- '친구 손뼉 치고' 부분에서는 앞에 있는 친구와 마주보고 손뼉을 치는 거예요.

⑤ 내 손뼉 치고 친구 손뼉 치고

- '내 손뼉 치고' 부분에서는 혼자서 손뼉을 치는 거예요.
- 다시 친구와 마주보고 손뼉을 쳐 보세요.

⑥ 둘이 살짝 손잡고 빙글빙글 돌아요.

- 친구와 손을 잡고 한 바퀴 도는 것을 두 번 더 할 거예요.

○ 반 집단씩 율동한다. TIP 2

○ 모두 함께 율동한다.

TIP 1 원곡의 노랫말은 '둘이 살짝 손잡고 오른쪽(왼쪽)으로 돌아요'이지만 아직 오른쪽과 왼쪽을 구분하지 못하는 유아들이 많으므로 '둘이 살짝 손잡고 빙글빙글 돌아요'로 개사하여 활동을 실시한다.

'둘이 살짝' 율동하기

TIP 2 유아들의 율동 속도에 맞추어 노래의 속도를 조절한다. 따라서 처음 율동을 배울 때에는 녹음 자료를 사용하기 보다는 교사가 육성으로 불러주는 것이 좋다.

유의점

- 유아들이 율동을 하면서 서로 부딪히지 않도록 거리를 알맞게 조절해준다.

확장활동

- '가족의 날', '조부모님의 날' 등 각종 가족 관련 행사에서 참여한 가족 구성원의 명칭을 넣어 함께 율동을 한다.

악 보

둘이 살짝

작사 박경문
작곡 김방옥

활동 17 밀가루 점토 만들기

집단형태

소집단활동(약 5명)

활동유형

과학

활동자료

투명한 볼, 밀가루, 따뜻한 물, 식용유, 계량컵, 계량스푼

'밀가루 점토 만들기'에 필요한 준비물 살펴보기

점토 만들기

TIP 밀가루 반죽의 상태에 따라 밀가루나 물을 더 첨가한다.

활동목표

- 밀가루의 특성(색깔, 냄새, 촉감)을 안다.
- 밀가루 점토를 만드는 과정에 관심을 갖는다.

활동방법

○ 방안놀이 시간에 '밀가루 점토 만들기' 활동을 원하는 유아들과 활동을 실시한다.

○ 재료를 소개하고 탐색한다.
- 밀가루는 무슨 색깔인가요?
- 냄새를 맡아보세요. 어떤 냄새가 나나요?
- 밀가루를 만져보니 느낌이 어떤가요?
- 식용유는 무엇처럼 보이나요?
- 식용유를 만지면 느낌이 어떨까요?

○ 투명한 볼에 계량컵을 이용하여 밀가루를 1컵 붓는다.

○ 밀가루를 넣은 볼 안에 물을 조금씩 붓는다.
- 밀가루에 물을 넣을 거예요. 물을 넣으면 어떻게 될 것 같나요?
- (계량컵의 물을 밀가루에 조금씩 부으며) 밀가루가 어떻게 되고 있나요?

○ 식용유를 계량스푼으로 1Ts 넣는다.
- 식용유를 넣어봅시다. 식용유를 넣으면 밀가루 반죽이 어떻게 될까요?
- 물만 넣은 밀가루 반죽은 손에 쉽게 붙어서 사용하기에 불편해요. 식용유는 미끌거리기 때문에 반죽이 부드러워지고 손에 잘 눌러붙지 않아요.

○ 유아들과 함께 밀가루를 반죽한다. 처음에는 교사가 어느 정도 반죽을 한 후 유아들이 해볼 수 있도록 한다.
- 이제 반죽을 할 거예요. 밀가루에 물과 식용유를 넣고 주무르면 어떻게 변할 것 같나요?
- 밀가루가 점점 어떻게 되나요? **TIP**
  - 뭉친다. 한 덩어리가 된다. 점성이 생긴다.

○ 밀가루 점토를 조금씩 떼어 동그랗게 만든 후 용기에 담는다.
- 이제 밀가루 점토가 완성 되었어요. 우리가 다음에 점토 놀이를 할 수 있도록 몇 개의 덩어리로 나누어서 그릇에 담아둘 거예요.

○ 유아들이 만든 밀가루 점토로 점토 놀이를 한다.

확장활동

- 밀가루 점토를 만들 때 식용색소나 천연색소(예: 치자, 오미자, 포도껍질을 우린 물 등)를 첨가하여 여러 가지 색깔의 밀가루 점토를 만들어본다.

밀가루 점토로 놀이하기

활동 18 모래 놀이

집단형태

자유선택활동

활동유형

실내 · 실외 영역

활동자료

모래 놀이장, 부드럽고 잘 뭉쳐지는 모래 TIP 1, 모래 놀이에 필요한 도구(예: 다양한 모양과 크기의 찍기틀 및 그릇, 모래놀이용 작은 삽, 숟가락, 작은 국자 등), 바구니 여러 개, 유아용 빗자루, 진공청소기

실내에 구성한 모래 놀이 공간

실외에 구성한 모래 놀이 공간

TIP 1 부드럽고 잘 뭉쳐지는 상품화된 모래를 사용할 경우, 잘 굳지 않고, 모양을 자유자재로 만들 수 있다. (예: 델타샌드 등)

TIP 2 유아들이 원할 경우 모래 놀이장의 턱이나 뚜껑 위에 유아들이 만든 작품을 올려놓는다.

활동목표

- 모래를 이용하여 구성물을 만든다.
- 모래 놀이를 통해 정서적 긴장감을 해소한다.

활동방법

○ 실내 또는 실외에 모래 놀이 활동 자료를 비치한 첫 날, 유아들과 활동실의 달라진 점을 찾아본다.

- ○○○반 안(밖)에 무엇이 새로 생겼나요?
  - 모래 놀이장이 생겼다.
- 모래 놀이장 안에 무엇이 있나요?
  - 모래가 들어 있다.

○ 모래 놀이장 안에 있는 모래를 만져본다.

- 마당의 모래 놀이장에 있는 모래와 어떻게 다른가요?
  - 부드럽다.
  - 약간 끈적거린다.
  - 잘 뭉쳐진다.
- 모래를 손으로 뭉치거나 놀잇감을 이용해서 여러 가지 모양을 만들어 보세요. 어떤 모양을 만들어 볼 수 있을까요?
  - 국자를 이용해 아이스크림을 만든다.
  - 모래를 둥글게 뭉쳐서 눈사람을 만든다.
  - 여러 가지 모양의 찍기틀에 모래를 넣고 뒤집는다.

모래 놀이하기

○ 모래 놀이를 마친 유아들과 모래 놀이장을 정리한다. TIP 2

- 사용한 놀잇감은 모래를 털어서 바구니에 정리하세요.

- 책상 위에 있는 모래는 빗자루로 쓸어서 모래 놀이장 안으로 넣어주세요.
- 바닥에 떨어진 모래는 진공청소기로 치울 거예요.
- 정리를 마친 사람은 화장실에 가서 손을 깨끗하게 씻으세요.

유의점

- 모래가 담긴 모래 놀이장은 실외 공간이나 통행이 많지 않은 실내 공간에 별도의 영역으로 마련한다.
- 모래 놀이장의 모래가 뭉쳐 있을 경우 교사가 유아들이 등원하기 전에 뭉친 모래를 삽으로 풀어 놓는다.
- 모래 놀이가 끝난 다음에는 이물질이 들어가지 않도록 모래 놀이장의 뚜껑을 닫는다.

활동 19

신문지 뭉쳐 찍기

집단형태

자유선택활동

활동유형

조형 영역

활동자료

신문지, 전지, 물감(2색), 물감접시(2개), 바구니(2개: 사용하지 않은 신문지 담는 것과 사용한 신문지 담는 것), 물뿌리개, 작업복

활동목표

- 신문지의 질감을 다양한 방법으로 탐색한다.
- 신문지를 조형활동에 활용한다.
- 규칙성이 있는 무늬를 만든다.

활동방법

○ 신문지를 다양한 방법으로 찢어 뭉친다. TIP 1

- 신문지를 찢어보자. 어떻게 찢을 수 있을까요?
- 어떤 모양이 되었나요?
- 이번에는 신문지를 뭉쳐 봅시다.
- 신문지 모양이 어떻게 되었나요?
- 신문지를 구기니 어떤 소리가 나나요?

○ 뭉친 신문지에 물감을 묻혀 전지에 찍고 탐색한다.

- 뭉친 신문지에 물감을 묻혀보세요. 원하는 색 물감을 묻혀서 종이에 찍어봅시다.
- 어떤 모양으로 보이나요?

○ 크기와 색을 기준으로 다양한 패턴을 만들며 찍는다. TIP 2

- 어떻게 찍어볼까요?
  - 원하는 곳에 자유롭게 찍는다.
  - 한 가지 무늬를 연속적으로 찍는다.
- 빨간색, 노란색, 빨간색 그리고 다시 무슨 색을 찍어야 할까요? 그럼 여기 다시 빨간색을 찍어볼까요?
  - 두 가지 색을 번갈아 가며 찍는다.
- 이 모양은 정말 크네요. 이번에는 작은 신문지 뭉치로 찍어볼까요? 큰 모양, 작은 모양이 찍혔어요. 그 옆에는 어떤 크기로 찍어볼까요?
  - 신문지의 크기를 다르게 만들어 번갈아 가며 찍는다.

유의점

- 사용하는 물감의 색에 따라 각각 다른 물감 접시를 사용하여 물감의 색이 섞이지 않도록 한다. 다른 물감의 색을 사용하고 싶은 유아들의 경우 새로운 신문지를 사용하도록 한다.

TIP 1 유아들이 신문지를 찢고 구기며 신문지의 모양, 크기, 신문지를 찢을 때 나는 소리를 탐색할 수 있도록 한다.

TIP 2 교사는 유아들이 다양한 패턴을 만들 수 있도록 도움을 주고, 만들어진 패턴을 탐색 · 감상할 수 있도록 격려한다.

뭉친 신문지에 물감 묻혀 찍기

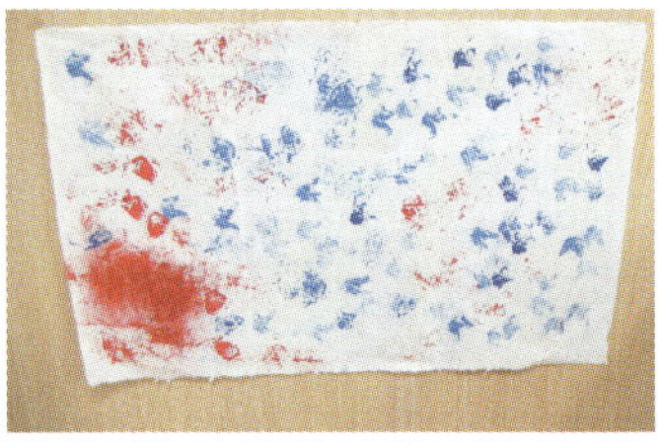

'신문지 뭉쳐 찍기' 완성 작품

활동 20 꽃잎 · 풀잎 물감 놀이하기

활동목표

- 자연물로 물감을 만들 수 있음을 안다.
- 자연물을 활용하여 그림을 그린다.

활동방법

○ 유아들과 함께 꽃잎과 풀잎으로 물감을 만든다.

- 이 꽃의 이름은 ○○에요. 꽃잎이 어떤 색깔인가요? 꽃잎의 모양이 어떤가요? 냄새도 맡아보세요.
- 우리가 모아온 꽃잎과 풀잎들을 빻아서 물감을 만들 거예요.
  - 꽃잎 또는 풀잎을 절구에 넣는다. TIP 2
  - 물뿌리개로 물을 조금 뿌린다. TIP 3
  - 절구 공이로 꽃잎을 빻는다.
  - 빻아서 생긴 물을 그릇에 담는다.

꽃잎과 풀잎으로 물감 만들기

○ 꽃잎 · 풀잎으로 만든 물감을 탐색한다.

- 우리가 평소에 쓰는 물감과 어떤 점이 다른가요?
  - 색깔이 다르다.
  - 향기가 난다.
- ○○꽃을 빻으니까 어떤 색깔 물이 나왔나요? 어떤 색 물감이 되었나요?
- ◇◇꽃은 어떤 색깔 물이 나왔나요? 어떤 색 물감이 되었나요?
- 물감에서 어떤 향기가 나는지 맡아봅시다.

○ 꽃잎 · 풀잎 물감으로 그림을 그린다.

집단형태

자유선택활동

활동유형

조형 영역

활동자료

여러 가지 색깔의 꽃잎 · 풀잎 TIP 1, 흰색 한지(16절지 크기), 절구, 절구 공이, 꽃잎 물감을 담을 그릇 여러 개, 물뿌리개, 물휴지

TIP 1 활동하기 전 날 마당놀이 시간에 유아들과 함께 진달래, 개나리, 베고니아 등의 꽃잎이나 풀잎을 줍는다. 또는 가정통신문을 이용하여 유아들이 가정에서 구해오도록 한다.

TIP 2 꽃잎의 색이 잘 우러나올 수 있도록 꽃잎과 풀잎을 구분하여 찧는다.

TIP 3 꽃잎 · 풀잎 물감의 농도가 너무 묽어지지 않도록 한다.

■ 꽃잎(풀잎)으로 만든 물감을 손가락으로 찍어서 한지에 그림을 그려봅시다.
■ 그림을 그리기 편한 손가락에 물감을 묻히세요.
■ 어떻게 그려볼까요? 선을 길게 그려보세요.
■ 점을 찍어보세요.
■ 다른 꽃잎 물감으로 그림을 그릴 때에는 색이 섞이지 않도록 물휴지에 손가락을 닦으세요.

교사가 그림 그리는 방법 시범 보이기

유아가 그림 그리기

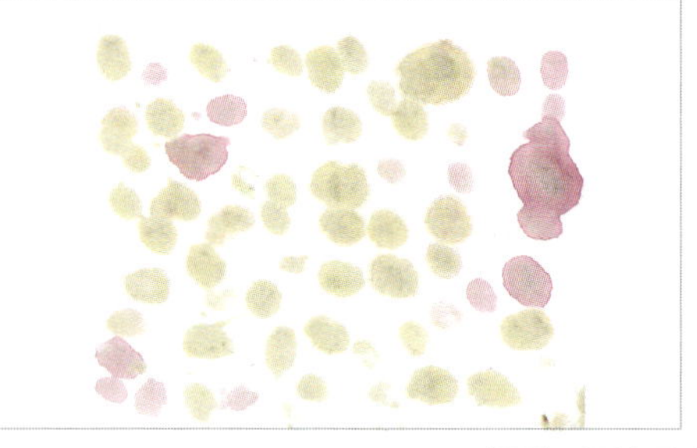
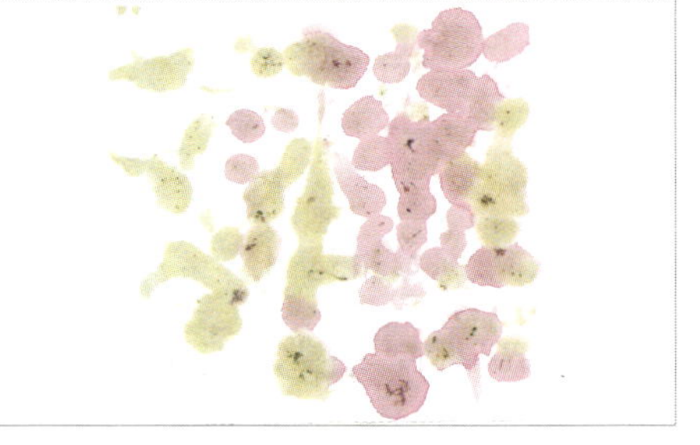
'꽃잎 · 풀잎 물감 그림' 완성 작품

○ 완성된 그림에 교사가 유아의 작품에 대한 이야기를 받아 적는다.
○ 완성된 그림을 건조대 위에 올려놓는다.
○ 그림을 다 그린 후 손을 씻는다.
○ 유아들이 만든 그림을 이어 붙여 부분벽지처럼 전시하거나 야외학습에 다녀온 사진을 게시할 때 배경그림으로 사용한다.

활동 21

바나나 우유 만들기

가족의 구성

가족 사랑

가족이 사는 동네

활동목표

- 재료의 모양, 색깔의 변화과정에 관심을 갖는다.
- 음식 조리용 도구와 기계의 사용 방법을 알고 활용한다.

활동방법

○ 요리에 참여하는 유아들은 손을 씻고 요리용 작업복을 입는다.

○ '바나나 우유 만들기' 활동을 소개한다.

- 바나나 우유를 만들어서 간식으로 먹을 거예요.
- 바나나 우유를 만들려면 무엇이 필요할까요?
  - 바나나와 우유

○ 바나나 우유를 만들 때 필요한 재료를 살펴본다.

- (바나나를 보여주며) 바나나의 모양이 어떤가요?
  - 길쭉하다
- 바나나는 무슨 색인가요?
  - 노란색
- 바나나의 껍질을 벗기면 속은 어떤 색일까요?
  - 유아들이 예측한 후 껍질을 까서 보여준다.
- (우유가 담긴 컵을 보여주며) 우유에는 우리 몸의 뼈를 튼튼하게 해주는 좋은 것들(칼슘, 단백질 등)이 들어있어요. 우리 몸의 뼈와 근육을 튼튼하게 해줘요.

○ 바나나 우유를 만드는 데 필요한 도구(믹서, 유아용 플라스틱 빵칼)를 소개한다.

- 바나나 우유를 만들려면 바나나를 어떻게 해야 할까요?
  - 껍질을 까고 크기를 작게 만들어야 한다.
- (믹서를 보여주며) 믹서는 음식을 작게 자르거나 갈 때 사용하는 기계에요.
- 믹서 밑에는 작은 칼날이 붙어있는데, 시작 단추를 누르면 칼날이 바람개비처럼 돌아가면서 음식을 작게 잘라줘요. 믹서 안에는 절대로 손을 넣으면 안돼요.
- (칼을 보여주며) 바나나를 자를 때 칼을 사용할 거예요.
- 칼은 조심해서 다루어야해요.
  - 칼을 들고 휘두르거나 장난치면 안돼요. 또한 칼을 사용하지 않을 때에는 접시 위에 내려 놓으세요.

○ 요리에 사용하는 도구(개인 접시, 유아용 플라스틱 빵칼)와 위생장갑을 나누어 갖

집단형태

소집단활동(약 5명)

활동유형

과학

활동자료

- 재료(1집단 6명 기준): 바나나 3개(1/2로 잘라두기), 우유 450mL
- 기구(1집단 6명 기준): 유아용 플라스틱 빵칼 6개, 믹서 1개, 유아용 개인 접시 6개, 계량컵 1개(75mL에 기준선을 표시해 둔 것)
- 기타: 요리 순서도, 게시판, 요리용 작업복 6개, 위생장갑 6쌍

믹서 탐색하기

바나나 썰기

는다. 유아들은 양 손에 위생장갑을 낀다.

○ 바나나를 하나씩 나누어 가진 후 자른다.

- 바나나를 하나씩 나누어 줄게요. 먼저 바나나의 껍질을 까보세요.
- 바나나를 반으로 자르면 몇 개가 될까요?
  - 2개
- 2개가 된 바나나를 또 반으로 자르면 몇 개가 될까요?
  - 4개
- 바나나를 잘라보세요. 바나나를 다 자른 사람은 믹서 안에 넣으세요.

○ 계량컵을 소개한 후 믹서에 우유를 넣는다.

- 이제 믹서에 우유를 넣을 거예요.
- 이렇게 컵에 숫자가 적혀 있어서 컵에 담긴 음식의 양이 얼마나 되는지 알 수 있는 컵을 '계량컵'이라고 해요. 우리는 계량컵의 빨간 선까지 우유를 붓고 차례로 믹서기에 넣을 거예요.
- 요리 책상에 있는 사람들이 한 컵씩 넣으면 모두 몇 컵이 될까요?
  - 5컵
- 친구들이 우유를 한 컵씩 넣을 때 하나, 둘, 셋하고 수를 세어봅시다.

○ 믹서를 이용하여 바나나 우유를 만든다.

- 믹서를 돌리면 재료들이 어떻게 될까요?
  - 우유와 바나나가 섞인다.
  - 큰 바나나가 작아진다.
- 안에 있는 재료들이 밖으로 튀어 나가지 않도록 뚜껑을 덮을 거예요.
- 재료가 어떻게 변하는지 살펴봅시다.
- 재료가 어떻게 되었나요?
  - 우유와 바나나가 섞였다.
  - 바나나 덩어리가 작아져서 보이지 않는다.
- 색깔이 어떻게 변했나요? 우리가 평소에 먹는 흰 우유와 색깔이 어떻게 다른가요?
- 어떤 맛이 날까요?

○ 간식 책상으로 옮겨 바나나 우유를 간식으로 먹는다. TIP

TIP 유아들이 만든 바나나 우유와 함께 식빵 · 옥수수빵 등을 간식으로 먹는다.

활동 22 악기 소리 알아맞히기

활동목표

- 리듬악기의 이름과 소리를 구별한다.
- 다양한 음색과 리듬을 경험한다.

활동방법

○ 음률 영역에 준비된 악기를 살펴본다.

- (탬버린을 보여주며) 이 악기에서 어떤 소리가 나는지 들어보세요. 어떤 소리가 나나요?
- 이 악기의 이름은 '탬버린'이에요.
- 눈을 감아보세요. 선생님이 어떤 악기를 연주하는지 알아맞혀 보세요. (교사가 샌드 블록을 연주한다.) 눈을 떠보세요. 어떤 악기일까요?
- 이번에는 ○○가 악기의 소리를 들려주세요. 선생님과 친구들이 눈을 감고 어떤 악기인지 알아맞혀 볼게요.
- 같은 방법으로 다른 악기의 소리를 탐색하고 악기 이름을 알아본다.

○ 노래를 부르며 어떤 악기의 소리인지 맞추어 본다.

- 선생님이 연주하는 악기의 소리를 듣고 알아맞히는 놀이를 해봅시다.
- 어떤 악기들이 있나요? 선생님이 이 중에 한 악기 소리를 들려 줄게요. 모두 눈을 감아 보세요.
- (악기 소리를 낸 후 악기를 원래 자리에 두고) 눈을 떠보세요. 어떤 악기일까요?
  - 유아 1명이 나와서 악기를 찾아 소리를 내어본다.
- ○○가 잘 맞춰주었어요. 탬버린 소리였어요. 다시 한번 잘 들어 보세요 (교사가 탬버린 연극하는 모습을 보여준다).

○ 유아들이 놀이 방법에 익숙해지면 유아가 직접 악기를 골라 다른 유아들에게 악기 소리를 들려준다.

관련활동

- 악기연주 '우리 모두 다 같이' (94쪽 참고)

집단형태

자유선택활동 · 소집단활동(약 5명)

활동유형

음률 영역

활동자료

음률 영역에 준비된 4~5가지 종류의 악기 TIP

TIP 소리의 차이가 명확한 악기(예 : 탬버린, 트라이앵글, 캐스터네츠, 샌드 블록, 핸드드럼 등)로 준비한다.

악기 소리 알아맞히기

2. 가족 사랑

엄마 / 자장가 / 어버이날 꽃 만들기 / 어버이날
/ 엄마 브로치 만들기 / 세 마리 염소 / 널빤지 건너기
/ 가족의 날 준비 / 가족의 날 / 조부모님의 날 준비
/ 조부모님의 날 초대장 만들기 / 조부모님의 날 / 커다란 무
/ 어린이날 / 아기 돌보기 / 아기 인형 목욕시키기 / 실종 예방 교육
/ 우리 모두 다 같이 / 생활용품 리듬악기 / 그림자 탐색하기

활동 1 엄마

집단형태

대집단활동

활동유형

노래

활동목표

- 엄마를 사랑하는 마음을 노래로 표현한다.

활동방법

○ 엄마에 대해 이야기를 나눈다.

- 세상에서 ○○○반 어린이들을 가장 사랑하는 사람은 누구일까요?
  - 엄마, 아빠, 할머니, 할아버지
- ○○○반 어린이들은 누구를 가장 사랑하나요?
  - 엄마, 아빠, 할머니, 할아버지
- 엄마의 목소리를 들으면 어떤 기분이 드나요?
- 엄마가 무슨 말을 해주실 때 가장 기분이 좋은가요?

○ 교사가 노래를 부른다.

- 엄마의 목소리를 생각하면서 부르는 노래가 있어요.

○ 교사와 유아가 함께 노래를 부른다.

○ 노랫말을 바꾸어 부른다.

- 또 누구의 목소리를 들으면 기분이 좋아지나요?
- '엄마' 대신 ○○을 넣어 노래를 불러봅시다.

유의점

- 1, 2절을 하루에 모두 소개하기 보다는 유아들이 1절을 익숙하게 부른 뒤, 2절을 부른다. 방안놀이 시간, 간식 시간 등에 배경음악으로 미리 틀어주어 유아들이 노래에 자연스럽게 익숙해질 수 있도록 한다.

관련활동

- 이야기나누기 '어버이날' (64쪽 참고)
- 조형 영역 '어버이날 꽃만들기' (62쪽 참고)

악 보

엄마

작사 최수복
작곡 박태현

활동 2

자장가

집단형태

대집단활동

활동유형

동시

활동자료

그림 자료(우유병을 든 엄마, 누워서 울고 있는 아기를 재우고 있는 엄마)

'자장가' 그림 자료

활동목표

- 아기를 돌보는 엄마의 사랑과 수고를 안다.
- 반복된 구절을 낭송하며 운율을 느낀다.
- 전통문화에 친숙해지고 관심을 갖는다.

활동방법

○ 그림자료를 이용하여 시어를 들려준다.

- 아기 : 응애응애~
- 엄마 : 우리 아기가 울고 있구나. ○○○반 어린이들, 왜 아기가 울고 있을까요?
  - 배가 고파서 우는 것 같다.
  - 엄마가 보고 싶어서 우는 것 같다.
  - 기저귀가 젖어서 우는 것 같다.
  - 업어 달라고 우는 것 같다.
  - 잠이 와서 우는 것 같다.
- 엄마 : 정말 배가 고픈가? 우유를 좀 줘야겠네.
- 아기 : 응애응애~
- 엄마 : 배가 고픈 건 아닌가 봐요. 그럼 어떻게 하지요? (유아들의 이야기를 듣는다.) 정말 쉬를 해서 그런 걸까요? 아닌데.
- 엄마 : 정말 잠이 와서 그런 걸까요?
- (누워서 아기를 재우고 있는 그림 자료로 바꾸며) 엄마 : 아기를 재워봐야겠어요.

  자장자장 우리 아가 자장자장 우리 아기
  멍멍개야 짖지마라 우리 아기 잠을 깰라
  자장자장 우리 아기 자장자장 잘도 잔다.
- 엄마 : 어? 아기가 울음을 그치고 잠이 들려고 해요. ○○○반 어린이들, 정말 고마워요.

○ 자장가의 용도를 소개한다.

- 방금 아기가 잘 잘 수 있게 엄마가 읊어준 것을 '자장가'라고 불러요.
- 자장가는 아기를 재울 때 부르는 노래에요. 노래로 부를 수도 있지만 동시로도 낭송할 수 있어요.
- 어린이들이 잠이 들 수 있게 어머니, 아버지, 할아버지, 할머니께서 자장가를 불

러주신 적이 있나요?

○ 교사가 동시를 낭송한다.

○ 동시를 듣고 난 후 느낌과 생각을 이야기 나눈다.

- 동시를 들으니 어떤 생각이 들었나요?

○ 교사가 다시 한 번 동시를 낭송한다.

동 시

자장가

전래동요

자장자장 우리 애기 자장자장 우리 애기
꼬꼬 닭아 우지마라 우리 애기 잠을 깰라
멍멍개야 짖지마라 우리 애기 잠을 깰라
자장자장 우리 애기 자장자장 잘도 잔다

활동 3

어버이날 꽃 만들기

집단형태

자유선택활동

활동유형

조형 영역

활동자료

꽃모양으로 오린 색지 TIP 1, 원모양으로 오린 색지, 나뭇잎 모양으로 오린 색지, 다양한 색의 습자지(6×6cm), 풀, 옷핀 TIP 2, 셀로판테이프, 완성한 꽃을 담을 봉투, 이름 스티커, 교사가 미리 만들어 놓은 완성작품

'꽃 만들기' 활동자료

TIP 1 색지를 이용하여 꽃과 동그라미 모양을 오릴 때 분홍, 연분홍, 연보라, 주황 등과 같은 밝은 색을 사용한다. 단, 흰색과 노란색은 장례식이나 성묘 시 주로 사용하는 색이므로 사용하지 않는다.

TIP 2 옷핀에 1cm 넓이의 셀로판테이프를 다음의 그림과 같이 붙여두어 완성된 꽃 뒷면에 부착할 수 있도록 한다.

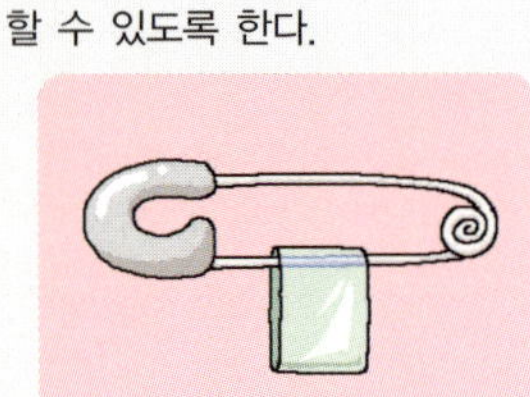

활동목표

- 부모님께 감사하는 마음을 갖는다.
- 부모님께 감사하는 마음으로 꽃을 만든다.

활동방법

○ 어버이날과 어버이날 꽃에 대해 소개한다.

- 어버이날에 대해 알고 있나요?
  - 부모님께 감사하는 마음을 표현하는 날이다.
- 어버이날에 부모님께 감사한 마음을 어떻게 표현할 수 있을까요?
- 어버이날에 아빠, 엄마께 감사하는 마음으로 어버이날 꽃을 만들어 달아드릴 거예요.

○ 꽃 만들기에 필요한 재료를 살펴본다.

- 꽃을 만드는 데 어떤 것들이 필요한지 살펴봅시다.

○ 꽃 만들기 방법을 이야기한다.

- 원하는 색과 크기의 꽃잎 모양을 고르세요.
- 꽃잎 모양 색지 앞면 가운데에 동그란 모양의 색지를 풀로 붙이세요.
- 꽃잎 모양 색지 뒷면 아래에 나뭇잎 모양의 색지를 풀로 붙이세요.
- 동그란 색지 안에 습자지를 동그랗게 뭉쳐 손톱만한 크기로 만들어 꽃잎에 붙여 예쁘게 꾸며봅시다.
- 꽃을 완성한 후에 뒷면에 옷핀을 달을 거예요.

○ 유아가 꽃을 만들면 옷핀을 달아 이름스티커를 붙인 비닐봉투에 담는다.

○ 꽃은 교사가 보관하였다가 어버이날 전날 귀가시간에 나누어 주어 부모님께 달아드릴 수 있도록 한다.

'어버이날 꽃' 완성 작품

확장활동

- 조부모님의 날에 조부모님께 달아드릴 꽃도 같은 방법으로 만든다. 꽃잎의 모양을 부채꼴 모양으로 만들고 습자지를 구겨 붙여서 꾸밀 수 있다. 완성된 꽃은 교사가 모아두었다가 조부모님의 날에 달아드릴 수 있도록 한다.

관련활동

- 이야기나누기 '어버이날' (64쪽 참고)
- 조형 '엄마 브로치 만들기' (66쪽 참고)
- 이야기나누기 '조부모님의 날 준비' (77쪽 참고)
- 이야기나누기 '조부모님의 날' (81쪽 참고)

활 동

4 어버이날

집단형태

대집단활동

활동유형

이야기나누기

활동자료

달력, 어버이날 관련 도서, 유아들이 만든 어버이날 꽃

활동목표

- 어버이날의 의미를 안다.
- 부모님께 감사하는 마음을 전한다.
- 부모님을 기쁘게 하는 방법을 알고 실천한다.

활동방법

○ 달력을 보며 어버이날을 소개한다.

- 5월 8일은 무슨 날인지 알고 있나요?
  - 어버이날이다.
- '어버이' 란 말을 들어 본 적이 있나요? 무슨 뜻일까요?
  - '어버이' 란 엄마, 아빠를 부르는 말이다.
- 그러면 어버이날은 누구를 위한 날일까요?
  - 엄마와 아빠를 위한 날이다.

○ 어버이날의 의미에 대하여 이야기한다.

- 엄마, 아빠는 어떤 분들인가요?
  - 나를 낳아주시고 나를 사랑해 주시는 분이다.
- 엄마, 아빠가 나에게 어떻게 해 주실 때 가장 기분이 좋은가요?
  - 나를 꼭 안아주실 때
  - 나랑 재미있게 놀아주실 때
- 나를 위해 즐겁게 해 주시는 엄마, 아빠께 어떤 말을 해 드릴 수 있을까요?
  - 감사합니다. 고맙습니다.
- 어버이날은 나를 위해 많은 것을 해 주시는 엄마, 아빠께 감사의 마음을 전하기 위해 만든 날이에요.

○ 부모님을 기쁘게 해 드리는 일에 대해 이야기를 나눈다. TIP

- 어버이날은 엄마, 아빠를 기쁘게 해 드리는 날이에요. 그래서 ○○○반 어린이들이 엄마, 아빠를 기쁘게 해드리기 위해 선물을 만들었지요. 무슨 선물을 만들었나요?
  - 어버이날 꽃을 만들었다.
- 어버이날 꽃을 드릴 때 엄마, 아빠께 무슨 말을 하면 기뻐하실까요?

> **TIP** 어버이날을 맞이하여 부모님께 감사한 마음을 전해드리는 방법으로 물질적인 선물을 드리는 것 이외에 부모님의 마음을 기쁘게 해드리는 선물에 대해 생각할 수 있도록 지도한다(예: 부모님 말씀 잘 듣기, 안마해 드리기 등).

- 감사합니다. 고맙습니다.
- 엄마, 아빠 사랑해요.

■ 또 ○○○반 어린이들이 무슨 일을 하면 엄마, 아빠가 속상해(슬퍼)하실까요?

- 밥을 잘 안 먹는다.
- 위험하게 놀이한다.
- 늦게 일어난다.
- 동생과 싸운다.
- 놀잇감을 어질러 놓고 정리하지 않는다.

○ 내일이 어버이날임을 이야기한다.

■ 내일은 어버이날이에요.

■ 아침에 일어나서 엄마, 아빠께 우리가 만든 꽃을 달아드리세요. 또 '감사합니다', '고맙습니다', '사랑해요' 라고 말씀 드리며 꼭 안아드리세요.

■ 그리고 부모님을 속상하게, 슬프게 하지 말고 기쁘게 하는 일을 꼭 하고 오기로 해요.

관련활동

■ 조형 영역 '어버이날 꽃 만들기' (62쪽 참고)

■ 노래 '엄마' (58쪽 참고)

활동 5 엄마 브로치 만들기

집단형태

자유선택활동

활동유형

조형 영역

활동자료

실물 브로치, 점핑클레이(빨강, 초록, 노랑, 분홍, 흰색 등 TIP 1), 찍기틀(예: 하트, 별, 나뭇잎, 오리 등), 점토판, 밀대, 브로치틀, 완성된 브로치를 담을 봉투 TIP 2, 비닐판, 건조대, 리본

TIP 1 점핑클레이는 시중에서 판매하는 제품으로써, 지점토나 찰흙과 달리 손에 묻지 않고 말린 후 갈라짐 현상이 없는 점토이다. 고령토를 사용하여 브로치를 만들 수도 있다.

TIP 2 완성된 브로치를 담을 봉투에 미리 유아의 이름스티커를 붙여 둔다. 고령토를 사용할 수도 있다.

활동목표

- 부모님께 감사하는 마음을 갖는다.
- 다양한 방법으로 점토의 성질을 탐색한다.

활동방법

○ 엄마께서 해주시는 일에 대해 이야기를 나누며, 감사하는 마음으로 선물을 만들어드릴 것을 이야기한다.
- 엄마께서 ○○에게 무엇을 해 주실 때 가장 기쁜가요?
- 엄마께서 ○○에게 선물을 주신 적이 있나요? 어떤 선물을 받아보았나요?
- ○○에게 많은 것을 해 주시는 엄마께 어떤 마음이 드나요?
  - 고마운 마음이 든다, 사랑하는 마음이 든다.
- 감사하는 마음으로 어린이들은 엄마께 어떤 것을 해 드릴 수 있을까요?
  - 안아드리기, 뽀뽀해 드리기, 도와드리기, 선물 만들어 드리기
- 오늘은 엄마께 선물을 만들어 드릴 거예요.

○ 엄마께 드릴 브로치에 대해 알아본다.
- (실물 브로치를 보여주며) 이것을 본 적이 있나요? 이것은 무엇일까요?
  - 옷에 달아서 옷을 예쁘게 꾸미는 브로치이다.
- 점토로 브로치를 만들어 엄마께 선물로 드릴 거예요.

○ 점토를 탐색한다.
- 어떤 색의 점토가 있나요?
- 엄마께 어떤 색으로 만들어드리고 싶나요?
- 원하는 색의 점토를 점토판 위에 올려놓으세요.
- 점토를 주물러보세요. 어떤 느낌이 드나요?
- 점토를 길게 잡아당겨 보세요. 어떻게 되나요?
- 점토를 둥글게 뭉쳐보세요. 주먹으로 두드려 보세요. 어떻게 되나요?
- 점토를 밀대로 밀면 어떻게 될까요?
- 점토를 밀대로 밀어서 얇게 만들어 보세요.

○ 점토를 찍기틀로 찍는다.
- 어떤 모양의 찍기틀이 있나요?

- 엄마께 만들어드리고 싶은 모양의 찍기틀을 골라서 점토를 찍어보세요.

○ 다양한 색의 점토를 붙여 꾸민다.

- 브로치를 예쁘게 꾸밀 거예요.
- 여러 가지 색깔 점토로 여러 가지 모양을 만들어 붙여봅시다.
- 어떤 색의 점토로 모양을 만들까요?
- 어떤 모양을 만들어 붙일까요?

○ 완성된 작품을 감상한다.

- 하루가 지나면 점토가 딱딱하게 굳을 거예요. 그럼 선생님이, 엄마가 옷에 꽂을 수 있도록 브로치 틀을 붙여 줄 거예요.

○ 완성된 작품은 이름이 붙인 비닐판 위에 올려 건조대 위에서 말린다. TIP 3

○ 교사는 작품이 굳으면 모양 점토의 뒷면에 브로치틀을 강력접착제로 붙인다.

○ 이름스티커를 붙인 비닐에 완성 작품을 넣고 리본으로 묶어 포장한다.

TIP 3 바닥에 종이를 대고 점토를 굳히면 점토가 말랐을 때 종이가 점토에 붙어 깨끗하게 떼어지지 않을 수 있다. 이때 종이 대신 비닐판 위에 올려놓으면 마른 후 깨끗하게 떼어낼 수 있다.

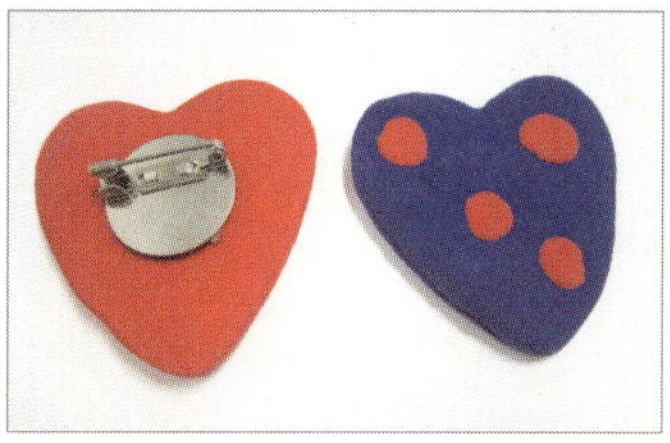

완성 작품 사진

관련활동

- 조형 영역 '어버이날 꽃 만들기' (62쪽 참고)
- 이야기나누기 '어버이날' (64쪽 참고)

활동 6

세 마리 염소

집단형태

중집단활동(약 10명)

활동유형

동극

활동자료

막대 동화 자료(예: 아기염소, 엄마염소, 아빠염소, 괴물, 배경 등), 동극용 머리띠(예: 아기염소, 엄마염소, 아빠염소, 괴물 등), 다리용 긴 의자

'세 마리 염소' 동화 자료

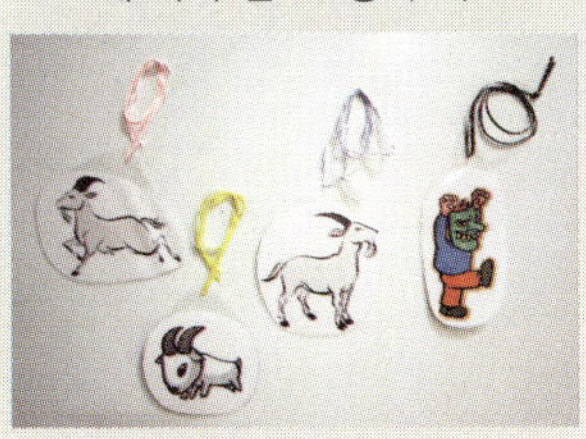

'세 마리 염소' 동극용 목걸이

활동목표

- 가족 구성원끼리 서로 돕고 협력하는 태도를 갖는다.
- 동화의 내용을 이해하고 기억한다.
- 역할을 맡아 동극으로 표현한다.

활동방법

○ 동화를 듣고 나서 동극을 할 것임을 알린다.

○ '세마리 염소' 막대 동화를 들려준다.

○ 동화의 내용과 대사를 회상한다.

- 풀밭에 누가 살고 있었나요?
  - 엄마염소, 아빠염소, 아기염소
- 그런데 더 이상 먹을 풀이 없어서 염소 가족은 어떻게 하기로 했나요?
  - 다리를 건너 다른 풀밭으로 가기로 했다.
- 다리 밑에는 누가 살고 있었나요?
  - 괴물
- 누가 먼저 다리를 지나갔나요?
  - 아기염소
- 아기염소가 지나갈 때 괴물이 나타났지요? 다 같이 선생님을 따라 해봐요. "내 다리를 지나가는 게 누구냐?"
- 그러자 아기염소가 뭐라고 했나요?
  - "아기염소에요."
- 그러자 괴물이 뭐라고 했나요?
  - "너를 잡아먹겠다!"
- 그래서 아기염소가 무엇이라고 말했는지 다 같이 선생님을 따라 해봐요. "잡아먹지 마세요.", "내 뒤에 더 크고 살찐 염소가 와요."
- 그러자 괴물이 뭐라고 했나요?
  - "그럼 지나가거라."
- 다음은 누가 다리를 지나갔나요?
  - 엄마염소
- 그때 다리 밑에서 누가 나타났나요?

- 괴물

■ 선생님이 괴물이 되어 엄마염소에게 물어볼게요. ○○○반 어린이들이 엄마염소가 되어 대답해 보세요.

■ 마지막으로 다리를 지나간 염소는 누구였죠?

- 아빠염소

■ 이번에는 ○○○반 어린이들이 괴물이 되어 아빠염소에게 물어보세요. 선생님이 아빠염소가 되어 대답할게요.

■ 아빠염소가 괴물을 보고 어떻게 했나요?

■ 괴물이 다리 아래로 떨어져서 아빠염소는 다리를 무사히 건넜어요. 그리고 가족들과 만나 행복하게 살았지요.

◯ 동극 무대를 의논하여 구성한다.

■ 염소 가족이 지나갈 다리는 어디에 만드는 것이 좋을까요?

- 무대의 가운데에 만든다.

■ 다리는 무엇으로 만들까요?

- 낮은 책상을 사용한다.
- 종이 벽돌 블록을 길게 늘어놓는다.

■ 다리를 만들고 싶은 사람들은 손드세요. ○○와 ○○는 앞에 나와서 다리를 만들어 주세요.

■ 괴물은 어디에 있어야 할까요?

- 다리 아래에 있어야 한다.

■ (유아들이 만든 다리의 가운데에 의자나 벽돌 블록을 놓으며) 여기에 괴물이 있는 곳을 표시해 둘게요.

■ 아빠염소, 엄마염소, 아기염소가 있었던 풀밭은 어디로 할까요?

◯ 동극 시 지켜야 할 약속에 대해 이야기 나눈다.

■ 염소 역할을 맡은 사람은 다리를 지나갈 때 장난을 치면 다리에서 떨어져 다칠 수 있으므로 조심해서 건너도록 해요.

■ 아빠염소가 괴물을 들이받을 때 친구를 세게 들이받으면 넘어져 다칠 수 있어요. 세게 들이받는 것이 아니라 들이받는 척만 하세요.

◯ 동극의 배역을 정한다.

■ 동극을 하기 위해서 어떤 역할들이 필요할까요?

- 유아들이 필요한 배역을 이야기 할 때, 해당되는 동화 자료를 보여준다.

■ 모두 몇 명이 동극을 할 수 있는지 같이 세어 봅시다.

■ 아빠염소(엄마염소, 아기염소, 괴물) 역할을 맡고 싶은 사람은 손을 드세요.

- 역할을 맡을 유아를 정하고 맡은 배역의 동극용 목걸이를 준다.

◯ 배역을 맡은 유아들이 앞에 나와 한 줄로 서서 자기소개와 인사를 한다.

- "저는 엄마염소(아빠염소, 아기염소, 괴물)를 맡은 ○○○입니다."

○ 동극을 시작하기 전 교사는 무대를 가리지 않도록 관객 옆으로 이동한다.

○ 배역을 맡은 유아들은 정해진 자리로 가서 앉는다. 염소 가족은 이사 가기 전의 풀밭에, 괴물은 정해놓은 자리에 앉는다.

○ 동극을 한다.

- 지금부터 ○○○반 어린이들의 '세마리 염소' 동극을 시작하겠습니다. TIP

○ 동극이 끝나면 동극을 한 유아들은 무대 한 가운데 한 줄로 서서 인사를 하고 자리에 앉게 한다.

- 동극을 했던 사람들은 모두 모여서 관객에게 인사하세요.
- 목걸이는 바구니에 담고 자리로 돌아가 앉으세요.

○ 동극을 평가한다.

- 동극을 보며 어떤 점이 재미있었나요?
- 동극을 어떻게 하면 더 재미있게 할 수 있을까요?

○ 다시 배역을 정하고 두 번째 동극을 한다.

○ 유아들과 함께 무대를 정리한다.

○ 동극 활동이 끝난 후 동극 자료를 언어 영역에 비치하여 유아들이 방안놀이 시간에 인형극을 해볼 수 있도록 한다.

TIP 유아들이 동극을 할 때 교사는 해설자가 되어 동극을 하는 유아들에게 필요한 도움을 준다. 예를 들어 유아가 관객을 보고 이야기하게 하거나 유아에게 대사를 알려준다. 또한 대기 중인 유아가 자신의 차례에 나갈 수 있도록 한다.

'세 마리 염소' 동극하기

관련활동

- 신체 '널빤지 건너기' (72쪽 참고)

동 화

세 마리 염소

어느 풀밭에 아빠염소, 엄마염소, 아기염소가 살고 있었어요. 그 곳의 풀은 염소들이 모두 뜯어먹어서 더 이상 먹을 풀이 없었지요. 그래서 염소 가족은 다리를 건너 풀이 많은 곳으로 가기로 했어요. 그런데 다리 밑에는 무서운 괴물이 살고 있었어요. 가족들은 다리를 건너는 방법을 생각해봤어요. 그래서 엄마염소가 한 가지 꾀를 생각해냈어요. 엄마염소는 아기염소에게 제일 먼저 다리를 건너라고 하였죠. 아기염소가 다리를 건너자 괴물이 나타났어요.

괴 물 내 다리를 지나가는 게 누구냐?
아기염소 아기염소에요.
괴 물 너를 잡아먹겠다.
아기염소 잡아먹지 마세요. 내 뒤에 나보다 더 크고 살찐 염소가 와요.
괴 물 그럼 지나가거라.

아기염소는 무사히 다리를 건너갔습니다. 이번에는 엄마염소가 다리를 건너가게 되었어요.

괴　　물　내 다리를 지나가는 게 누구냐?
엄마염소　엄마염소에요.
괴　　물　너를 잡아먹겠다.
엄마염소　잡아먹지 마세요. 내 뒤에 나보다 더 크고 살찐 염소가 와요.
괴　　물　그럼 지나가거라.

엄마염소는 무사히 다리를 건너갔습니다. 이번에는 아빠염소가 다리를 건너가게 되었어요.

괴　　물　내 다리를 지나가는 게 누구냐?
아빠염소　나다. 아빠염소다.
괴　　물　너를 잡아먹겠다.
아빠염소　좋다! 덤벼라!

아빠염소는 커다란 뿔로 괴물을 들이받았습니다. 괴물은 다리 아래로 떨어져 강물에 떠내려 갔어요. 아빠염소는 무사히 다리를 건너갔습니다. 아빠염소, 엄마염소, 아기염소는 새로운 풀밭에서 맛있는 풀을 뜯어 먹으며 행복하게 지냈습니다.

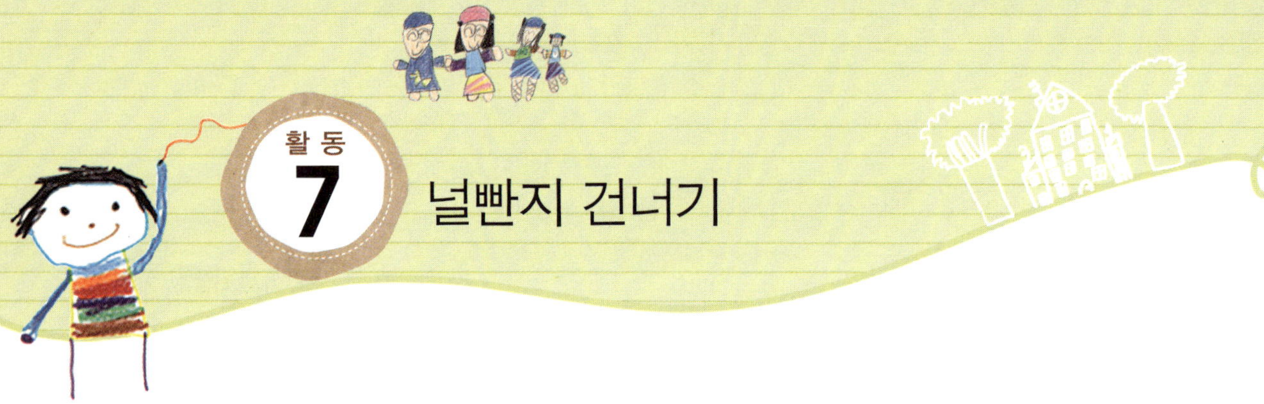

활동 7

널빤지 건너기

집단형태

대집단활동

활동유형

신체(체육)

활동자료

낮은 블록, 널빤지 TIP, 매트

TIP 만 3세 유아들이 안전하게 균형을 잡고 건너기 용이하도록 폭이 넓은 널빤지 (약 14×112cm)를 사용한다. 만약 폭이 14cm 정도 되는 평균대가 있다면 널빤지 대신 이용해도 좋다. 널빤지를 사용할 경우 높이가 낮은 블록을 연결하여 놓고 그 위에 널빤지를 올려 준비한다. 블록과 널빤지가 움직이지 않도록 블록은 바닥에, 널빤지는 블록에 고정한다.

널빤지 건너기

활동목표

- 기구를 이용한 신체활동을 통하여 균형감각을 기른다.

활동방법

○ '세 마리 염소' 동극 활동을 회상하며 활동을 소개한다.
- '세 마리 염소' 동극을 했던 것이 기억나나요?
- 동극에서 아빠염소, 엄마염소, 아기염소가 무엇을 건넜나요?
  - 다리

○ 널빤지를 건널 때의 유의점에 대해 이야기한다.
- 세 마리 염소는 다리를 기어갔지만 이 다리는 두 발로 걸어가야 해요.
- 널빤지를 건널 때 어떤 점을 조심해야 할까요?
  - 떨어지지 않도록 조심히 걸어간다.
  - 두 팔을 벌린다.
  - 뛰지 않고 걸어서 건넌다.

○ 유아들이 한 명씩 나와서 몸의 균형을 잡으며 널빤지 위를 걸어간다.

유의점

- 유아들이 널빤지 위에서 떨어졌을 때 다치지 않도록 널빤지 주위에 매트를 깔아 놓는다.

관련활동

- 동극 '세 마리 염소' (68쪽 참고)

활동 8 가족의 날 준비

활동목표

- 가족 초대에 필요한 준비물을 안다.
- 가족의 날 일정을 계획하고 준비하는 과정에 참여한다.

집단형태

대집단활동

활동유형

이야기나누기

활동방법

○ 가족의 날을 소개한다.

- 이번 주 토요일은 무슨 날인가요?
  - 가족의 날이다.
- 가족의 날에는 누구와 함께 유치원에 오는 것일까요?
  - 가족(엄마, 아빠, 동생, 형, 언니 등)과 함께 온다.
  - 할아버지, 할머니 등의 가족도 엄마, 아빠 대신 올 수 있다.
- '가족의 날' 은 유치원에 가족을 초대하여 함께 재미있게 지내고, 친구들의 가족도 만나는 날이에요.

○ 가족의 날 일정에 대해 소개한다.

- 가족의 날에 오신 손님들을 만나면 먼저 무엇을 해야 할까요?
  - 서로 인사를 나눈다.
  - 가족을 소개한다.
- 유치원에서 가족들과 함께 무엇을 하고 싶나요?
  - 함께 놀이를 한다.
  - 함께 간식을 먹는다.
  - 함께 율동을 한다.
  - 함께 노래를 부른다.

○ 가족의 날에 필요한 것을 이야기 나누고 준비한다.

- 가족의 날에 유치원에 온 가족들과 어떤 노래를 함께 부르고 싶나요?
  - '닮은 곳이 있대요', '엄마' 등
- 가족들이 교실에 오려면 교실이 어때야 할까요?
  - 깨끗해야 한다.
- 교실을 깨끗하게 하려면 무엇을 해야 할까요?
  - 청소한다.

• 놀이장을 정리한다.

- 가족들이 오기 전날 교실을 깨끗하게 청소해서 가족들을 맞이하도록 해요.

유의점

- 가족의 날 당일 실시하는 활동에 따라 필요한 사전활동을 계획하도록 한다. 예를 들어 가족과 함께 '자녀에게 하고 싶은 이야기' 영상물을 감상하기로 결정하였다면 가정으로 가정통신문을 보내어 '부모가 자녀에게 하고 싶은 말'을 작성해오도록 하고, 이를 파워포인트 자료로 만든 영상물을 가족의 날에 감상할 수 있다.
- 가족의 날 참석 여부, 참석 가족 수를 확인하는 가정통신문을 첨부하여 사전에 참석 인원 수를 파악하고 이를 토대로 행사를 준비한다(예: 간식의 양, 의자와 책상 수, 프로그램 내용 등).

관련활동

- 이야기나누기 '가족의 날' (75쪽 참고)

활동 9 가족의 날

활동목표

- 가족과 함께 유치원에서 즐거운 하루를 보낸다.
- 가족들에게 지켜야 할 예절을 알고 실천한다.
- 유치원에 놀러와주신 가족들께 감사한 마음을 갖는다.

활동방법

○ 유아와 가족들이 함께 모여 앉는다.

○ 출석을 불러 모든 유아들과 가족들이 출석했는지 확인한다.

○ 가족들에게 인사를 드린다.

- 오늘은 유치원에 누구와 함께 왔나요?
  - 아빠, 엄마, 형, 언니, 동생, 할아버지, 할머니와 함께 왔다.
- 우리와 함께 지내기 위해 유치원에 놀러 오신 가족들에게 어떤 마음이 드나요? 어떻게 인사드릴 수 있을까요?
  - "안녕하세요."
  - "유치원에 놀러 와주셔서 감사합니다."
- ○○○반 어린이들은 자리에서 일어나서 앞으로 두 걸음 걸어 나오세요. 가족을 바라보고 서세요. 인사하세요.

○ 가족들과 함께 영상물을 감상한다.

- ○○○반 어린이들이 유치원에서 지내는 모습을 가족들께 보여드리겠습니다.
- 부모님들께서 적어주신 편지가 담긴 영상물을 감상할 거예요.
- 차례가 되면 가족들과 함께 자리에서 일어나세요. 부모님들께서는 가족 소개를 한 후 화면에 나오는 편지글을 읽어주시기 바랍니다.

○ 그 밖의 간식, 게임, 율동 등 가족의 날 일정을 실행한다. TIP 1, TIP 2

○ 귀가 지도 시간에 가족들과 하루 일과에 대해 간단히 소감을 나누고 감사 인사를 드린다.

- 오늘 가족들과 함께 유치원에서 지내니 기분이 어떤가요?
- 무엇이 재미있었나요?
- 가족들께서도 어린이들과 함께 지낸 소감을 말씀해주세요.
- 이렇게 우리와 함께 유치원에서 재미있게 놀아주신 가족들에게 어떻게 인사드

집단형태

대집단활동

활동유형

이야기나누기

활동자료

유아 명단, 영상물(반 소개 사진, '자녀에게 하고싶은 말' PPT 자료)

TIP 1 게임, 율동 등의 활동을 할 경우 같은 연령의 학급이 마당에 모여 활동을 함께 할 수 있다. 이때 모든 가족 구성원이 골고루 참여할 수 있는 활동을 준비하도록 한다.

TIP 2

시간	내용
9:30~9:50	등원 및 유치원 마당 돌아보기
9:50~10:15	인사나누기, 일과 소개 및 영상물 감상
10:15~11:10	간식 및 실내자 유선택활동
11:10~11:20	정리정돈 및 마당으로 이동
11:20~11:55	노래 · 율동 · 체조 · 게임
11:55~12:00	귀가 지도

〈가족의 날 일정 예〉

릴 수 있을까요?

• "감사합니다."

가족들과 인사나누기

가족 소개하기

가족들과 방안놀이하기

가족들과 게임하기

유의점

- 행사 당일 참석 인원을 미리 조사하여 필요한 수만큼의 의자, 책상 등을 준비하도록 한다. 참석 여부에 따라 가족 소개 영상자료를 미리 편집해 둔다.
- 행사 당일의 일과를 알려주는 가정통신문을 사전에 보내 가족들이 일정을 알고 참여하는데 어려움이 없도록 한다.
- 행사 참여 인원이 많아 교실에서 함께 간식을 먹기 어려운 경우 시차를 두고 별도의 간식 먹는 장소에서 간식 시간을 운영한다. 예를 들어 가족이 착용하는 이름표에 색깔스티커를 붙여두어 스티커 색깔별로 다른 시간에 간식을 먹게 할 수 있다(예: 빨간색 스티커: 10시 20분~10시 35분/노란색 스티커: 10시 35분~10시 50분/파란색 스티커: 10시 50분~11시 05분).

관련활동

- 이야기나누기 '가족의 날 준비' (73쪽 참고)

활동 10 조부모님의 날 준비

집단형태
대집단활동

활동유형
이야기나누기

활동목표

- 조부모님 초대에 필요한 준비물을 안다.
- 조부모님의 날 일정을 계획하고 준비하는 과정에 참여한다.

활동방법

○ 할아버지, 할머니에 대해 이야기를 나눈다.

- 할아버지, 할머니는 어떤 분인가요?
  - 아버지(어머니)의 아빠, 엄마이다.
  - 나의 아버지(어머니)를 낳아주신 분이다.
  - 어머니(아버지)가 '아버지', '어머니' 라고 부르는 분이다.

○ 할아버지, 할머니께 갖는 감사한 마음에 대하여 이야기한다.

- 만약 할아버지, 할머니께서 계시지 않았다면 아버지, 어머니께서 태어나실 수 있었을까요? 그러면 우리가 태어날 수 있었을까요?
- 할아버지, 할머니께서 계시지 않았다면 어머니, 아버지도 태어날 수 없었을 것이고, 그러면 우리도 태어나지 못했을 거예요.
- 할아버지, 할머니께 어떤 마음이 드나요?
  - 감사한 마음이 든다.

○ 조부모님의 날을 소개한다.

- 할아버지와 할머니는 유치원에 자주 오실 수 있나요?
  - 없다.
- 왜 유치원에 자주 오실 수 없는 것일까요?
  - 할아버지, 할머니께서 한 집에 사시거나 가까운 곳에 사실 수도 있지만, 멀리 떨어진 곳에 사실 수도 있다.
  - 할아버지와 할머니들 중에는 나이가 많으셔서 다리가 아프시거나 몸이 불편하신 분들이 계신다. 건강하신 분들도 계시지만, 연세가 많으신 분들은 움직이기 불편하시다.
- 할아버지, 할머니께 감사하는 마음을 전하고, 우리가 유치원에서 무엇을 하며 지내는지 보여드리기 위해 '조부모님의 날' 을 정했어요. '조부모님' 은 할아버지, 할머니를 뜻하는 말이에요.

■ 조부모님의 날에 할아버지, 할머니를 유치원에 초대할 거예요. 할아버지, 할머니께 "유치원에 오세요."라고 하는 것을 '유치원에 초대한다.' 라고 해요.

○ 조부모님의 날에 필요한 것을 이야기 나누고 준비한다.

■ 할아버지와 할머니는 유치원에 무엇이 있는지, 어떻게 재미있게 놀이를 할 수 있는지 아실까요?
  • 잘 모르신다.

■ 할아버지, 할머니와 유치원에서 즐겁게 지내려면 어떻게 해야할까요?
  • 할아버지, 할머니와 함께 놀이한다.
  • 간식을 가져다 드린다.
  • 노래를 불러드리거나 율동을 보여드린다.

■ 유치원에 오신 할아버지, 할머니와 간식도 함께 먹을 거예요. ○○○반 어린이들이 직접 할아버지, 할머니께 간식을 대접해 드릴 거예요.

■ 이렇게 유치원이나 집에 오신 손님께서 불편하시지 않도록 대해주는 것을 '대접' 이라고 해요.

■ 할아버지, 할머니께 간식을 대접할 때 어떻게 드려야 할까요?
  • 두 손으로 드린다.
  • '맛있게 드세요.' 라고 말씀드린다.

■ 할아버지, 할머니께서 유치원에 오시면 정성껏 대접해 드리고, 함께 즐거운 놀이도 하도록 해요.

○ 할아버지, 할머니께 보내드릴 초대장 만들기와 꽃 만들기를 소개한다.

■ 생일축하에 친구를 초대하는 것처럼 할아버지, 할머니께 유치원에 오시라고 초대하는 카드를 만들기로 해요.

■ 할아버지, 할머니께 달아드릴 꽃도 만들거예요.

유의점

■ 본 활동은 조부모님의 날 약 일주일 전에 실시하여 유아들이 충분한 시간을 두고 조부모님의 날을 계획하고 준비하도록 한다.

관련활동

■ 이야기나누기 '조부모님의 날' (81쪽 참고)
■ 노래 '할아버지, 할머니' (29쪽 참고)
■ 조형 영역 '조부모님의 날 초대장 만들기' (79쪽 참고)
■ 조형 영역 '어버이날 꽃 만들기' (62쪽 참고)

활동 11 조부모님의 날 초대장 만들기

활동목표

- 초대장의 용도와 만드는 방법을 안다.
- 예의를 갖추어 조부모님을 초대하는 방법을 안다.
- 조부모님께 감사하는 마음을 갖는다.

활동방법

○ 조부모님의 날에 대하여 소개한다.

- 할아버지, 할머니를 유치원에 초대해서 함께 인사도 나누고 간식도 먹는 날을 정했어요. 언제인가요?
- 할아버지와 할머니께 유치원에 오시라고 초대하는 말씀을 어떻게 전해드릴 수 있을까요?
  - 직접 뵙고 말씀 드린다.
  - 전화를 드린다.
  - 편지를 드린다.
- 할아버지, 할머니를 유치원에 초대하는 '초대장' 을 만들어 볼 거예요.

○ 초대장에 대하여 이야기한다.

- 초대장이라는 말을 알고 있나요? 언제 들어보았나요?
  - 친구의 생일 초대장, 결혼식 초대장에서 보았다.
- 사람들과 함께 음식도 나누어 먹고 즐거운 시간을 보내기 위해서 사람들을 부르는 것을 '초대' 라고 해요. 이렇게 초대하는 글을 적은 편지가 '초대장' 이에요.
- 초대장에 어떤 내용이 있는지 함께 살펴봅시다.
- 초대장 안에는 어떤 말을 적어야 할까요?
  - 시간, 장소, 약도 등

○ 할아버지, 할머니를 초대하는 초대장 만들기를 계획한다.

- 할아버지, 할머니께서 조부모님의 날에 유치원에 오실 수 있도록 초대장을 만들 거예요.
- 할아버지, 할머니께서 유치원에 찾아오시려면 초대장에 어떤 내용이 있어야 할까요?
  - 초대하는 글, 행사 시간과 장소, 보내는 사람, 받는 사람 등

집단형태

자유선택활동

활동유형

조형 영역

활동자료

여러 가지 초대장 샘플, 초대장 종이(예: 색지: 빨강, 파랑, 보라, 주황 등, 한지: 분홍, 하늘, 미색 등), 우리나라 전통문양 도장, 글씨('초대장', '할아버지, 할머니께', '○○○ 올림')를 출력한 라벨지 TIP, 물감(2색), 물감접시, 분무기, 건조대, 카드 봉투

TIP 라벨지에 칼집을 내어 두면 스티커처럼 사용할 수 있어 편리하다.

완성된 초대장

할아버지 · 할머니께

할아버지, 할머니 안녕하세요?
○○ 유치원에 할아버지, 할머니를 모시고 저희들이 유치원에서 재미있게 지내는 모습을 보여드리고 싶어요. 저희들과 함께 멀티미디어 동화도 보시고 맛있는 간식도 드세요. 유치원에 꼭 오셔서 저희들과 즐거운 하루를 보내주세요.

* 날짜 : 20○○년 ○월 ○일
* 시간 : 오전 ○시 ○분 ~ ○시 ○분
* 장소 : 이화유치원 ○○○반

20○○.○○.○○
○○ 유치원 ○○○반
어린이들 올림

초대장 속지 내용의 예

○ 초대장을 만드는 방법을 안내한다.

- 먼저 작업복을 입고 원하는 색의 카드를 고르세요.
- 조형책상 위에 준비되어 있는 한지 중 한 장을 고르세요.
- 원하는 모양의 도장을 고르세요. 도장의 모양이 종이에 잘 찍힐 수 있도록 물감을 골고루 묻히세요.
- 한지 위에 도장을 찍으세요. 같은 자리에 도장을 겹쳐서 찍으면 무늬가 겹치거나 물감 색이 섞이게 돼요. 무늬가 겹치지 않도록 찍어보세요.
- 사용한 도장은 같은 색의 물감 접시에 올려놓으세요.
- (완성된 초대장을 보여주며)이렇게 4~5번 정도 도장을 찍어보세요.
- 완성된 초대장은 물감이 마를 때까지 건조대 위에 올려놓으세요.
- 물감이 마르면 초대장에 겉면에 '초대장' 이라고 적힌 라벨을 붙이고, 안에는 초대장 속지를 붙일 거예요. 초대하는 글은 선생님이 미리 준비해놓았어요. 초대하는 글은 어디에 붙여야 할까요?
  - 카드를 펼쳤을 때 바로 보이는 면에 붙인다.
- 봉투 앞면의 가운데에 선생님이 '할아버지 · 할머니께' 라고 쓴 글자를 붙일 거예요.
- 완성된 초대장을 봉투에 넣으세요. 마지막으로 봉투 뒷면에 누가 보낸 초대장인지 알 수 있도록 자신의 이름 스티커를 찾아 붙이세요.

유의점

- 유아들이 만든 초대장은 할머니, 할아버지께서 적어도 행사 일주일 전에 받아보실 수 있도록 유아 편에 가정으로 보낸다. 원활한 행사 준비를 위해 참가 여부 및 인원수를 적는 회신서를 동봉한다.

관련활동

- 이야기나누기 '조부모님의 날 준비' (77쪽 참고)
- 이야기나누기 '조부모님의 날' (81쪽 참고)
- 이야기나누기 '가족의 날 준비' (73쪽 참고)
- 조형 영역 '어버이날 꽃 만들기' (62쪽 참고)

활동 12 조부모님의 날

활동목표

- 유치원에서 조부모님과 함께 즐겁게 지낸다.
- 조부모님께 지켜야 할 예절을 알고 실천한다.
- 유치원에 놀러 와주신 조부모님께 감사한 마음을 갖는다.

집단형태
대집단활동

활동유형
이야기나누기

활동자료
영상물(반 소개 사진, 조부모님 소개 글 PPT 자료), 조부모님께 달아드릴 꽃

활동방법

○ 할아버지, 할머니께서 유치원에 오시면 준비한 꽃을 가슴에 달아드리고 방안놀이를 시작한다. TIP 1

○ 할아버지, 할머니와 함께 모여 앉는다.

○ 할아버지, 할머니께 인사를 드린다.

- 오늘은 누구와 함께 유치원에 왔나요?
  - 할아버지, 할머니
- 우리와 함께 지내기 위해 유치원에 와주신 할아버지, 할머니께 어떤 마음이 드나요? 어떻게 인사드릴 수 있을까요?
  - "안녕하세요."
  - "와주셔서 감사합니다."
- ○○○반 어린이들은 자리에서 일어나서 두 걸음 앞으로 나오세요. 할머니, 할아버지를 바라보고 서세요. 인사하세요.
- 선생님도 인사드릴게요. "안녕하세요. 저는 ○○○반 교사 ○○○입니다. 오시느라 힘드셨죠? ○○○반 어린이들을 위해 와주셔서 감사합니다."

○ 할아버지, 할머니께 율동과 노래, 악기연주를 보여드린다.

- ○○○반 어린이들이 할아버지, 할머니께 보여드리려고 율동과 노래, 악기연주를 준비했어요.
- 악기연주를 보여드리기로 한 어린이들은 앞으로 나오세요.
- 할아버지, 할머니께 ○○○반에서 배운 노래를 불러 드릴 거예요.
- 율동을 보여드리기로 한 어린이들은 앞으로 나오세요.

○ 할아버지 · 할머니께 간식을 대접해 드린다. TIP 2

- 오늘은 누구와 함께 간식을 먹나요?
- 할아버지, 할머니께 드릴 간식은 누가 대접해야 할까요?

조부모님과 함께 방안놀이하기

TIP 1 유아가 조부모님께 꽃을 달아드린 후 조부모님과 함께 기념사진을 찍어준다.

TIP 2 조부모님께 간식을 대접해 드릴 때 부모 조력자의 도움을 받는다. 간식차 앞에서 간식 접시를 정돈하거나 조부모님께 유아들 대신 음료를 대접하는 일 등을 부모 조력자께 부탁드린다. 조부모님 두 분이 모두 오신 경우 한 분은 유아가, 다른 한 분은 부모 조력자가 간식을 대접해 드리도록 한다.

TIP 3

시간	내용
10:00~10:15	등원 및 실내자유선택활동
10:15~10:30	인사나누기 및 할아버지, 할머니께 율동, 노래, 악기 연주 보여드리기
10:30~11:00	간식 및 실내자유선택활동
11:00~11:25	영상물 및 동화 감상
11:25~11:30	감사 인사드리기

할아버지 · 할머니 모시는 날 일정 예

조부모님께 인사드리기

조부모님께 악기 연주 보여드리기

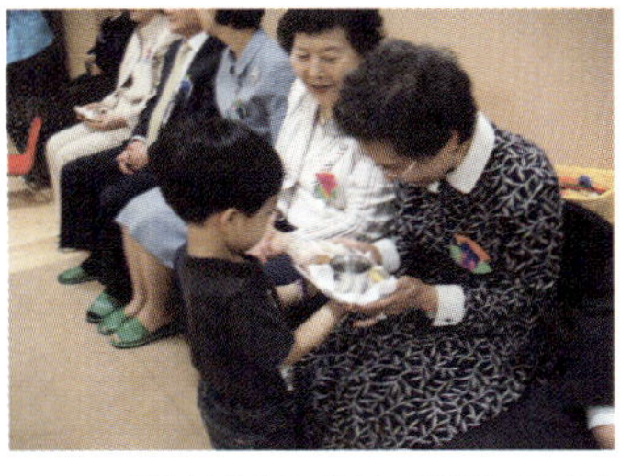

조부모님께 간식 대접해 드리기

- 내가 먹을 간식과 할아버지, 할머니께서 드실 간식 중 무엇을 먼저 준비해야 할까요?
- 간식차 앞에서 줄을 서서 먼저 할아버지, 할머니께 드릴 간식을 받아 공손하게 드리세요. 그리고 자리로 가서 책상 위에 준비된 간식을 먹을 거예요.
- 할아버지, 할머니께서는 지금 앉아계신 자리에서 드시거나 유아들과 함께 드셔도 됩니다.

○ 할아버지, 할머니와 함께 영상물을 감상한다. **TIP 3**

- ○○○반 어린이들이 유치원에서 지내는 모습을 할아버지, 할머니께 보여드릴 거예요.
- 이번에는 할아버지, 할머니를 소개하는 글을 감상할 거예요.

○ 귀가 지도 시간에 할아버지, 할머니와 함께 보낸 하루 일과에 대해 간단히 소감을 나누고 감사 인사를 드린다.

- 오늘 할아버지, 할머니와 함께 유치원에서 지낼 때 기분이 어땠나요?
- 무엇이 재미있었나요?
- 할아버지, 할머니들께서도 어린이들과 함께 지내신 소감을 말씀해주실 수 있으신가요?
- 이렇게 우리와 함께 유치원에서 지내주신 할아버지, 할머니께 어떻게 인사드릴 수 있을까요?
  - "감사합니다."
- 선생님이 할아버지, 할머니께 인사 말씀을 드릴 동안 잠시 앉아서 기다리세요.

○ 할아버지, 할머니께 감사 예물을 드린다.

유의점

- 행사 당일 참석 인원을 미리 조사하여 필요한 수만큼의 의자, 책상 등을 준비하도록 한다. 수학 · 조작 놀이 영역, 조형 영역, 언어 영역 등 할아버지, 할머니들께서 유아들과 편하게 놀이하실 수 있는 흥미 영역은 확장하고 쌓기 놀이 영역 및 역할 놀이 영역은 축소하여 행사를 위한 교실 환경으로 재구성한다.
- 할아버지, 할머니를 소개하는 영상물에 행사 당일 참석하는 조부모님에 대한 정확한 내용이 소개될 수 있도록 사전에 가정통신문을 보내 친할아버지, 친할머니, 외할아버지, 외할머니 중 어느 분이 오시는지를 파악하고, 가정에서 조부모님을 소개하는 글을 기록해오도록 한다.

관련활동

- 이야기나누기 '조부모님의 날 준비' (77쪽 참고)
- 조형 영역 '조부모님의 날 초대장 만들기' (79쪽 참고)
- 조형 영역 '어버이날 꽃 만들기' (62쪽 참고)
- 노래 '할아버지, 할머니' (29쪽 참고)

활동 13 커다란 무

활동목표

- 가족 구성원끼리 서로 돕는 태도를 기른다.
- 동화의 내용을 이해하고 기억한다.
- 역할을 맡아 동극으로 표현한다.

활동방법

○ 동화를 듣고 나서 동극을 할 것임을 안내한다.

○ '커다란 무' 자석 동화를 들려준다.

○ 동화의 내용을 회상한다.

- 할아버지는 무를 뽑기 위해 어디로 갔나요?
  - 밭에 갔다.
- 다 같이 할아버지가 되어 무를 뽑아 봐요.
  - '영차 영차' 소리를 내며 무 뽑는 동작을 해본다.
- 할아버지가 혼자 무를 뽑을 수 없어 누구에게 도와달라고 했나요?
  - 할머니께 도와달라고 하셨다.
- 다 같이 선생님을 따라해봐요. "여보, 여보, 무 뽑는 것 좀 도와줘요."
- 그러자 할머니가 "예, 알았어요."라고 이야기하셨지요.
- 옆에 있는 친구의 허리를 잡으세요. 다 함께 '영차영차' 하며 무를 뽑아 봐요.
- 무가 뽑혔나요?
  - 뽑히지 않았다.
- 할머니는 누구를 부르셨나요?
  - 민호를 부르셨다.
- 할머니께서 뭐라고 말씀하셨나요?
- ○○가 잘 이야기해 주었어요. 다른 어린이들도 이야기해 볼까요?
- 그러자 민호가 뭐라고 했나요? 함께 민호가 되어 이야기해 봅시다.
- 강아지는 누구에게 도와달라고 했나요?
  - 고양이에게 도와달라고 했다.
- 그럼 선생님이 강아지가 되어 이야기할게요. 어린이들이 고양이가 되어 대답해 보세요.

집단형태

중집단활동(약 10명)

활동유형

동극

활동자료

철판, 동화 자료(무, 할아버지, 할머니, 민호, 개, 고양이, 쥐), 동극용 목걸이(무, 할아버지, 할머니, 민호, 개, 고양이, 쥐)

'커다란 무' 동화 자료

• 교사는 작은 목소리로 유아가 이야기 할 부분을 미리 알려준다.

■ 고양이는 누구에게 도와달라고 했나요?

• 생쥐에게 도와달라고 했다.

■ 그럼 어린이들이 고양이가 되어 이야기하면 선생님이 생쥐가 되어 대답할게요.

• 교사는 작은 목소리로 유아가 이야기 할 부분을 미리 알려준다.

TIP 1 무는 교실의 소품을 활용할 수도 있고 유아가 역할을 맡을 수도 있다.

○ 동극에 필요한 소품과 무대를 준비한다. TIP 1

■ 동극을 하려면 어떤 물건이 필요할까요?

• 무가 필요하다.

■ 무는 무엇으로 할까요?

■ 무는 어디에 심어져 있었나요?

• 밭에 심어져 있다.

■ 밭은 어디에 만들까요?

○ 동극 시 지켜야 할 약속에 대해 이야기 나눈다.

■ 앞에 나와서 동극을 하는 사람들은 무를 잡아당길 때 너무 세게 당기면 뒤로 넘어져서 다칠 수도 있어요. 다치는 사람 없이 즐겁게 동극을 하기 위해서는 어떻게 해야 할까요?

• 앞 사람의 허리를 잡고 당긴다. 힘차게 당기는 척을 한다.

○ 동극의 역할을 정한다.

■ 동극을 하기 위해서 어떤 역할들이 필요할까요?

• 유아들이 필요한 역할을 이야기 할 때, 해당되는 자석 자료를 자석판에 붙인다.

'커다란 무' 동극하기

■ 모두 몇 명이 동극을 할 수 있는지 같이 세어 보아요.

■ 할아버지(할머니, 민호, 개, 고양이, 쥐, 무) 역할을 맡고 싶은 사람은 손을 드세요.

• 역할을 맡을 유아를 정하고 맡은 역할의 동극용 목걸이를 준다.

○ 역할을 맡은 유아들이 앞에 나와서 자기소개와 인사를 한다.

• "저는 할아버지(할머니, 민호, 개, 고양이, 쥐, 무)를 맡은 ○○○ 입니다."

○ 동극을 시작하기 전 교사는 무대를 가리지 않도록 관객 옆으로 이동한다.

○ 배역을 맡은 유아들은 교사의 옆으로 와서 앉는다.

TIP 2 유아들이 동극을 할 때 교사는 해설자가 되어 동극을 하는 유아들에게 필요한 도움을 준다. 예를 들어, 유아가 관객을 보고 이야기하게 하거나 유아에게 대사를 알려준다. 또한 대기중인 유아가 자신의 차례에 나갈 수 있도록 한다.

○ 동극을 한다. TIP 2

■ 지금부터 ○○○반 어린이들의 '커다란 무' 동극을 시작하겠습니다.

○ 동극이 끝나면 동극을 한 유아들은 무대 한 가운데 한 줄로 서서 인사를 하고 자리에 앉게 한다.

■ 동극을 했던 사람들은 모두 모여서 관객에게 인사하세요.

■ 목걸이는 바구니에 담고 자리로 돌아가서 앉으세요.

○ 동극을 평가한다.

■ 동극을 보니 어떤 점이 재미있었나요?

■ 동극을 어떻게 하면 더 재미있게 할 수 있을까요?

○ 다시 배역을 정하고 두 번째 동극을 한다.

○ 유아들과 함께 무대를 정리한다.

○ 동극 활동이 끝난 후 동극 자료를 언어 영역에 비치하여 유아들이 방안놀이 시간에 인형극을 해볼 수 있도록 한다.

동 화

커다란 무

어떤 시골집에 할아버지, 할머니, 민호, 강아지, 고양이 그리고 생쥐가 살고 있었어요. 할아버지는 무밭에 나갔다가 무가 잘 자란 것을 보고 무를 뽑기로 했어요. 할아버지는 무를 잡고 힘차게 당겼어요.

할아버지 영차, 영차!

하지만 무는 뽑히지 않았어요. 할아버지는 할머니의 도움을 받아야겠다고 생각했어요. 그래서 집에 있는 할머니를 불렀어요.

할아버지 여보, 여보, 무 뽑는 것 좀 도와줘요.
할 머 니 예, 알았어요.

그래서 할머니는 할아버지의 허리를 잡고, 할아버지는 무를 잡았어요. 그리고 다 함께 무를 뽑기 시작했어요.

할아버지 영차, 영차!

그러나 무는 뽑히지 않았어요. 할머니는 민호의 도움을 받아야겠다고 생각했어요. 그래서 집에 있는 민호를 불렀어요.

할 머 니 민호야, 무 뽑는 것 좀 도와줄래?
민 호 예. 알았어요.

그래서 민호는 할머니의 허리를 잡고, 할머니는 할아버지의 허리를 잡고, 할아버지는 무를 잡았어요. 그리고 다 함께 무를 뽑기 시작했어요.

할아버지, 할머니, 민호 영차, 영차!
그래도 무는 뽑히지 않았어요. 민호는 강아지의 도움을 받아야겠다고 생각했어요. 그래서 집에 있는 강아지를 불렀어요.

민 호 강아지야, 무 뽑는 것 좀 도와줘.

강아지 알았어, 멍멍!

그래서 강아지는 민호의 허리를 잡고, 민호는 할머니의 허리를 잡고, 할머니는 할아버지의 허리를 잡고, 할아버지는 무를 잡았어요. 그리고 다 함께 무를 뽑기 시작했어요.

할아버지, 할머니, 민호, 강아지 영차, 영차!

그래도 무는 좀처럼 뽑히지 않았어요. 강아지는 고양이의 도움을 받아야겠다고 생각했어요. 그래서 집에 있는 고양이를 불렀어요.

강아지 멍멍! 고양이야, 무 뽑는 것 좀 도와줘. 멍멍!
고양이 알았어, 야옹!

그래서 고양이는 강아지의 허리를 잡고, 강아지는 민호의 허리를 잡고, 민호는 할머니의 허리를 잡고, 할머니는 할아버지의 허리를 잡고, 할아버지는 무를 잡았어요. 그리고 다 함께 무를 뽑기 시작했어요.

할아버지, 할머니, 민호, 강아지, 고양이 영차, 영차!

하지만 무는 뽑히지 않았어요. 고양이는 생쥐의 도움을 받아야겠다고 생각했어요. 그래서 집에 있는 생쥐를 불렀어요.

고양이 야옹, 야옹~ 생쥐야, 무 뽑는 것 좀 도와줘. 야옹, 야옹~
생 쥐 알았어, 찍찍!

생쥐는 고양이의 허리를 잡고, 고양이는 강아지의 허리를 잡고, 강아지는 민호의 허리를 잡고, 민호는 할머니의 허리를 잡고, 할머니는 할아버지의 허리를 잡고, 할아버지는 무를 잡았어요. 그리고 다 함께 무를 뽑기 시작했어요.

할아버지, 할머니, 민호, 강아지, 고양이, 생쥐 영차, 영차!

그때였어요. 무가 조금씩 움직이더니 쑤욱 하고 뽑혔습니다. 모두들 뒤로 넘어졌어요. 그 무는 아주 커다란 무였답니다.

활동 14 어린이날

활동목표

- 어린이날의 의미를 안다.
- 어린이날을 기뻐하며 축하하는 마음을 갖는다.

활동방법

○ 어린이날에 대해 이야기 나눈다.

- (장갑을 낀 한쪽 손을 주먹 쥔 채로 들고)선생님의 오른손에 몇 송이의 꽃이 피는지 함께 세어보세요.
- (엄지손가락부터 손가락을 하나씩 올리며)하나, 둘, 셋, 넷, 다섯
- 몇 송이가 피었나요?
  - 다섯 송이가 피었다.
- 이번에는 선생님의 왼쪽 손에 몇 송이의 꽃이 피는지 함께 세어보세요.
- (엄지손가락부터 손가락을 하나씩 올리며)하나, 둘, 셋, 넷, 다섯
- 이번에도 꽃이 몇 송이가 피었나요?
  - 다섯 송이가 피었다.
- 오른손을 펼치니 5가 되고, 왼손도 펼치니 5가 되었어요.
- (달력을 보며)달력에서도 5와 5가 만나는 날을 찾아봅시다.
- 5월 5일은 무슨 날인가요?
  - 어린이날
- 어린이날은 왜 만들었을까요?
  - 어린이들을 소중히 여기고 사랑하는 마음으로 만든 날이다.
- 어린이날은 어린이들을 소중히 여기는 마음을 갖고 어린이들이 행복하게 지낼 수 있도록 하기 위해 정한 날이에요.
- 어린이날을 맞이하니 기분이 어떤가요?
  - 기쁘고 신이 난다.

○ 자료를 사용하여 교사가 노래를 들려준다. TIP 1

- 어린이날을 맞아 즐거운 마음을 노래로 부를 수도 있어요.
- 선생님이 손을 움직이면서 노래를 들려줄게요.

집단형태

대집단활동

활동유형

노래

활동자료

노래자료(흰색 면장갑에 부직포를 오려붙여 제작함)

손등

손바닥

TIP 1 교사와 유아가 마주보고 있으므로 교사는 유아들과 반대방향으로 손을 움직인다.

TIP 2 유아들이 노래에 익숙해지면 교사가 보여주었던 손동작을 함께 하며 노래를 부른다.

○ 교사와 유아가 노래를 나누어 부른다.

○ 다함께 노래를 부른다. TIP 2

손동작

설 명	동 작
오른손 쫙 펴면 5월이 되고요 교사 왼손의 등 쪽이 유아들에게 보이도록 손을 편다.	
왼손을 쫙 펴면 5일이 되지요 교사 오른손의 등 쪽이 유아들에게 보이도록 손을 편다.	
5월 5일은 양손을 뒤집어서 얼굴모양이 유아들 쪽으로 보이도록 한다. '5월' 부분에서 교사의 왼손을 뒤집고, '5일' 부분에서 오른손을 뒤집는다.	
어린이의 날 노래에 맞춰 손을 양 옆으로 움직인다.	
오늘은 즐거운 '오늘은' 에서는 양 팔을 차례로 가슴에 포갠다. '즐거운' 부분에서는 손목을 반짝거리듯 돌리면서 양팔을 교차하여 원을 그린다.	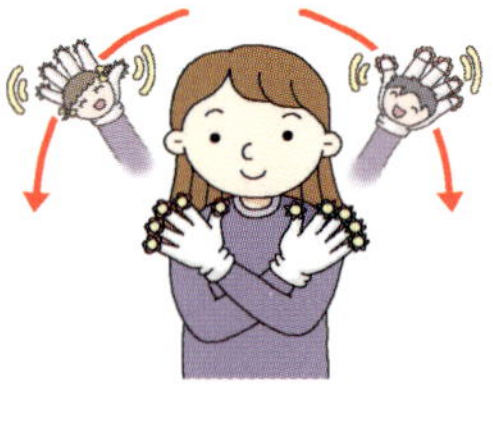
우리들의 날 가슴 앞에서 손뼉을 다섯 번 친다.	

악 보

어린이날

작사 유경손
작곡 나운영

활동 15

아기 돌보기

집단형태

자유선택활동

활동유형

역할 놀이 영역

활동자료 TIP

아기 인형, 아기 침대, 아기 이불 · 베개, 포대기, 우유병 등

TIP 역할 놀이 영역 벽면에 가정과 관련된 사진이나 그림을 붙여주어 집과 같은 아늑한 분위기로 꾸민다.

아기 돌보기: 아기에게 우유 먹이기

활동목표

- 가족을 사랑하는 마음을 갖는다.
- 아기를 돌보는 엄마의 역할을 이해하고 놀이한다.

활동방법

○ 교사는 아기 인형을 가지고 노는 유아에게 놀이 상황을 제시하며 놀이에 참여한다.

- 아기가 울고 있어요. 아기에게 무슨 일이 생겼나요?
- 아기가 배고픈 것 같아요. 어떻게 해야 할까요?
  - 아기에게 우유를 먹인다.
- 아기들은 차가운 음식을 먹으면 배탈이 날 수 있어요. 혹시 우유가 차갑지는 않나요?

○ 아기를 돌보는 방법에 대해 이야기 나눈다.

- 아기를 어떻게 돌볼 수 있을까요?
  - 아기의 기저귀를 갈아준다.
  - 아기가 보채면 안아서 달래준다.
  - 팔다리 운동을 시켜준다.
  - 아기를 침대에 재운다.
  - 아기가 아픈 곳은 없는지 살펴본다.

○ 각각의 상황에 따라 아기 돌보기 놀이를 한다.

○ 놀이가 끝난 후 사용하였던 놀잇감을 제자리에 정리한다.

관련활동

- 실외 영역 '아기 인형 목욕시키기' (91쪽 참고)

확장활동

- 아픈 아기를 돌보는 병원 놀이로 확장할 수 있다.

활동 16 아기 인형 목욕시키기

활동목표

- 아기를 사랑하고 돌보는 마음을 기른다.
- 나를 길러주시는 부모님께 감사하는 마음을 갖는다.

활동방법

○ 더러워진 아기 인형을 보고 아기 인형을 깨끗이 씻겨주는 방법에 대해 이야기 나눈다.

- (역할 놀이 영역에서 아기 인형을 가지고 놀이하는 유아에게) 아기가 우유를 흘렸나봐요. 옷도 지저분하고 몸에도 때가 있네요.
- 아기를 깨끗하게 하려면 어떻게 해야 할까요?
    - 아기를 목욕시킨다.

○ 아기를 목욕시킬 때 필요한 준비물에 대해 이야기 나눈다.

- 아기 목욕시키는 것을 본 적이 있나요?
- 아기가 목욕할 때나 아니면 ○○○반 어린이들이 목욕하려면 무엇이 필요할까요?
    - 물과 물을 담는 통, 비누, 목욕 타올, 수건

○ 아기를 목욕시키는 방법에 대해 이야기 나눈다.

- 아기를 목욕시키려면 어떻게 해야 할까요?
    - 먼저 아기 옷을 벗긴다.
    - 발부터 물을 서서히 적신 후 목욕통에 몸을 담근다.
    - 몸에 비누칠을 하고 머리를 감긴다.
    - 목욕 타월로 몸을 씻는다.
    - 깨끗한 물로 비누거품을 씻는다.
    - 수건으로 몸을 닦는다.

○ 아기 인형을 가지고 실외에 있는 물놀이 영역으로 가서 목욕을 시킨다.

- 방금 우리가 이야기한 방법대로 아기를 깨끗하게 목욕시켜 봅시다.

○ 놀이가 끝난 뒤 유아들과 함께 사용했던 물품을 정리한다.

관련활동

- 역할 놀이 영역 '아기 돌보기' (90쪽 참고)

확장활동

- '빨래하기 놀이' 나 '설거지 놀이' 로 변형 · 확장할 수 있다.

집단형태

자유선택활동

활동유형

실외 영역

활동자료

더러워진 아기 인형, 아기 목욕통, 비누, 목욕 스펀지, 수건, 미지근한 물, 비닐 앞치마 등

아기 인형 목욕시키기

활동 17 실종 예방 교육

집단형태

대집단활동

활동유형

사회

활동자료

손인형, 그림 자료

활동목표

- 위험한 상황을 인식한다.
- 위험한 상황에서 자신을 지키는 방법을 배우고 익힌다.

활동방법

○ 손인형을 이용해 부모님을 잃어버린 상황을 가정하고 유아들이 알고 있는 대처 방법을 알아본다.

- ○○가 울고 있네요. 왜 울고 있는지 물어볼까요?
  - 공원에 엄마, 아빠와 놀러 왔다가 엄마, 아빠를 잃어버렸다.
- 엄마, 아빠를 잃어버렸을 때에는 어떻게 해야 할까요?

○ 자료를 이용해 실종예방에 대해 이야기 나눈다.

- 엄마, 아빠 잃어버렸을 때를 위해 엄마, 아빠의 이름과 전화번호, 우리 집 주소를 알고 있어야 해요.
- 소풍을 가면 사람들이 많이 있어요. 사람들이 많은 곳에서 엄마, 아빠가 내가 어디 있는지 금방 알 수 있도록 사람들의 눈에 잘 띄는 밝은 색 옷을 입어요.
- 사람들이 많은 곳에서 길을 잃어버리지 않으려면 어떻게 해야 할까요?
  - 엄마, 아빠의 손을 꼭 잡고 다닌다.
  - 엄마, 아빠가 계신 곳에서 놀이를 한다. 절대 혼자 놀지 않는다.
- 공원에서 놀다가 갑자기 화장실에 가고 싶어졌어요. 누구와 함께 가야 할까요?
  - 엄마, 아빠와 함께 가야 한다.

눈에 띄는 밝은 색 옷 입기

엄마, 아빠와 손 잡고 다니기

엄마, 아빠 보이는 곳에서 놀기

엄마와 손 잡고 화장실 가기

○ 자료를 이용해 엄마, 아빠를 잃어버렸을 때의 대처법에 대해 이야기 나눈다. TIP

- 만약 엄마, 아빠를 잃어버렸을 때에는 어떻게 해야 할까요?
  - 제자리에 서서 엄마, 아빠를 기다린다.
- 엄마, 아빠를 찾기 위해 왜 돌아다니면 안 될까요?
  - 엄마, 아빠가 내가 어디로 갔는지 알 수 없어 더 찾기 어려워진다.
- 엄마, 아빠의 이름과 전화번호, 집 주소를 기억해요.
- 엄마, 아빠를 기다리고 있는데 어떤 사람이 나를 데리고 가려 합니다. 뭐라고 말해야 할까요?
  - "안돼요.", "싫어요.", "도와주세요."
- 선생님과 함께 '안돼요, 싫어요, 도와주세요'를 외쳐봅시다.
- 만약 엄마, 아빠를 기다렸는데도 오시지 않으면 어떻게 해야 할까요?
  - 도움을 청한다.
- 누구에게 도움을 청해야 할까요?
  - 아기를 데리고 있는 엄마, 유니폼을 입은 사람, 경찰아저씨 등에게 도움을 청한다.

TIP 실종아동전문기관 (www.missingchild.or.kr) 홈페이지를 방문하면 실종예방교육에 도움이 되는 동영상, 노래, 애니메이션, 퀴즈 등 다양한 형태의 자료를 제공받을 수 있다.

활동 18

우리 모두 다 같이

집단형태

중집단활동(약 10명)

활동유형

악기연주

활동자료

리듬악기(예: 북, 탬버린, 트라이앵글, 레인 스틱 등 TIP 1)

TIP 1 유아들에게 친숙한 악기로 음률 영역에 제공했던 악기를 준비한다. 유아들이 각자 원하는 악기를 고를 수 있도록 유아의 수보다 악기의 수를 여유 있게 준비한다.

TIP 2 '우리 모두 다 같이' 노래에 맞추어 악기를 연주하는 활동을 하기 전에 전이 및 주의집중 활동으로 노래를 여러 번 불러보면서 자연스럽게 익힐 수 있도록 한다.

활동목표

- 각 악기의 소리에 관심을 가지고 탐색한다.
- 올바른 악기연주 방법을 알고 익힌다.
- 교사의 지시에 맞추어 악기를 연주한다.

활동방법

○ '우리 모두 다 같이' 노래에 맞추어 악기연주하는 활동을 소개하며 교사가 준비한 악기에 대해 이야기를 나눈다.

- 책상 위에 놓인 악기들 중 어떤 악기의 소리를 들려줄 거예요. 어떤 소리가 나는지 잘 들어보세요.
- 이 악기의 이름은 '레인스틱'이에요. 악기를 연주하면 빗소리가 들려요.
- 이번에는 세모 모양으로 생긴 악기를 찾아봅시다. 어디에 있나요?
- 이 악기는 '트라이앵글'이에요. 왼손으로 악기에 달린 끈을 잡고, 오른손으로 채를 잡아 악기를 치면 이런 소리가 들려요.
  - 나머지 악기도 소개하며 악기 소리를 들려준다.

○ '우리 모두 다 같이' 노래를 부르며 악기연주를 한다.

- 여기 있는 악기들 중에서 연주하고 싶은 악기를 한 개씩 마음속으로 고르세요.
- 트라이앵글을 연주하고 싶은 어린이들은 손을 들어보세요. 선생님이 악기를 나누어 줄게요.
  - 나머지 악기도 유아들이 직접 선택하도록 한다.
- 선생님이 악기 연주하는 방법을 알려줄게요. '우리 모두 다 같이 북을 쳐' 하고 노래를 부르면 북을 가지고 있는 어린이들은 북 소리를 내는 거예요. TIP 2
- 북을 가진 어린이들만 해볼게요. '우리 모두 다 같이 북을 쳐'
  - 유아들이 북을 친다.
- '우리 모두 다 같이 탬버린' 하고 노래를 부르면 어떤 악기를 가지고 있는 아이들이 연주를 해야 할까요?
- 마지막에 '우리 모두 다 같이 신나게 흔들어 우리 모두 다 같이 연주해' 하면 모든 어린이들이 악기를 연주하는 거예요.

○ 처음부터 끝까지 교사와 유아가 함께 노래를 부르면서 악기를 연주한다.

◯ 악기를 바꾸어서 노래를 부르며 악기연주를 한다.

◯ 유치원에서 배운 다른 노래를 부르면서 악기를 연주한다.

관련활동

- 음률 영역 ‘악기 소리 알아맞히기’ (55쪽 참고)

악 보

우리 모두 다 같이

작사 · 곡 미상

노래에 맞추어 악기 연주하기

활동 19

생활용품 리듬악기

집단형태

자유선택활동

활동유형

음률 영역

활동자료

냄비, 냄비뚜껑, 프라이팬, 국자, 젓가락 TIP

TIP 두드려도 깨지지 않는 재질로 활동 자료를 준비한다.

생활용품 리듬악기 소개하기

활동목표

- 주변에 있는 사물들로 여러 가지 소리를 만들고 감상한다.
- 소리의 빠르기, 강약, 셈여림 등을 구분한다.

활동방법

○ 유아들과 함께 다양한 물건들을 살펴보며 각각의 소리를 비교한다.

- 선생님이 여러 가지 물건을 준비해왔어요. 무슨 물건들이 보이나요?
- 이 물건들은 어디에서 볼 수 있는 물건들인가요?
  - 주방에서 볼 수 있다.
- 냄비, 냄비뚜껑, 프라이팬, 국자, 젓가락 등 여기 있는 물건들은 우리가 음식을 만들 때 쓰는 물건들이에요. 이 물건들도 악기가 될 수 있어요.
- 냄비, 냄비뚜껑, 프라이팬에서 어떤 소리가 나는지 들어보세요.
  - 교사가 젓가락 또는 국자를 이용해 냄비, 냄비뚜껑, 프라이팬 등의 물건을 두드린다.
- 물건마다 소리가 어떻게 다르게 나는지 들어보세요. 소리가 어떻게 다른가요?
  - 냄비와 프라이팬의 소리를 비교한다.
  - 프라이팬과 국자의 소리를 비교한다 .

○ 유아들 각자가 연주하고 싶은 물건을 하나씩 고른다.

○ 빠르기, 셈여림 등에 변화에 주면서 교사와 함께 악기 연주를 한다.

- 빠르게(느리게) 연주해 봅시다.
- 이번에는 강하게(약하게) 연주해 봅시다.
- 빠르게 연주했다가 느리게 연주해 보세요.

활동 20 그림자 탐색하기

활동목표

- 그림자가 생기는 이유에 관심을 갖는다.
- 그림자를 보며 자신의 신체를 탐색한다.

활동방법

○ 마당 놀이시간에 땅에 생긴 그림자를 살펴보며 그림자의 성질을 탐색한다.

- 옆 사람과 부딪치지 않게 양팔을 벌려 넓게 서보세요.
- 아래를 바라보세요. 땅에 무엇이 생겼나요?
  - 그림자
- 그림자는 무슨 색깔인가요?
  - 검은색
- 그림자는 언제 볼 수 있을까요?
  - 마당 놀이를 할 때 볼 수 있어요.
  - 맑은 날에 볼 수 있어요.
  - 빛이 비치는 곳에서 볼 수 있어요.
- 햇빛이 비칠 때 사람의 몸이나 물건이 햇빛이 지나가는 길을 막으면 어떻게 될까요?
- 햇빛이 지나가지 못해 깜깜해진 부분을 '그림자' 라고 불러요.
- 비가 오고 날씨가 흐린 날이나 빛이 없어서 어두운 곳에서도 그림자를 볼 수 있을까요?
  - 빛이 없으면 그림자가 생기지 않는다.

○ 자신과 친구들의 그림자를 관찰한다.

- 자기 그림자가 어디에 있는지 찾아봅시다. 그림자가 어디에 생겼나요?
- 그림자가 내 몸과 붙어 있나요? 아니면 서로 떨어져 있나요?
  - 내 몸과 붙어 있다.
- 그림자가 어떻게 생겼나요?
  - 사람 모양처럼 생겼다.
  - 팔, 다리, 얼굴이 있다.
  - 눈, 코, 입은 안 보인다.

○ 몸을 움직이면서 그림자의 변화를 탐색해본다.

집단형태
실외자유선택활동

활동유형
과학 영역 · 실외 영역

그림자 모양 만들고 관찰하기

- 내 그림자를 보면서 몸을 움직여보세요. 나비처럼 팔을 위, 아래로 움직여보기도 하고, 걸어가는 것처럼 다리를 앞, 뒤로 움직여보세요. 그림자가 어떻게 되었나요?
- 이제 몸을 점점 아래로, 아래로 낮게 만들어 봅시다.
- 반대로 몸을 점점 높이, 높이 하늘까지 닿게 만들어 봅시다.
- 그림자가 어떻게 움직이나요?
  - 내가 움직이는 것을 따라서 똑같이 움직인다.
- 이번에는 제자리에서 깡충깡충 뛰어보세요. 그림자가 어떻게 되었나요?
  - 나처럼 깡충깡충 뛴다.
  - 내가 높이 뛰면 그림자가 내 몸과 잠깐 동안 떨어진다.
- 내가 마당에서 뛰어 다니면 그림자가 어떻게 될까요?
  - 나를 따라 함께 뛰어다닌다.

○ 그림자를 없어지게 하는 방법에 대해 탐색해본다.

- 그림자를 사라지게 하려면 어떻게 해야 할까요?
  - 밤이 될 때까지 기다린다.
  - 캄캄한 곳으로 간다.
  - 그늘로 간다.
- 마당에서 그늘이 있는 곳을 찾아봅시다.
  - 마당에 설치된 천막 아래, 정자 아래, 나무 그늘 등
- 그늘로 들어가 보세요. 그림자가 어떻게 되었나요?
- 이번에는 커다란 나무 그림자 속으로 들어가 보세요. 내 그림자가 어떻게 되었나요?
  - 그림자가 사라졌다.
  - 나무 그림자 안으로 숨었다.
- 또 어떤 곳에 내 그림자를 숨겨볼까요?
- 친구(선생님)의 그림자 속에 내 그림자를 숨겨보세요.

관련활동

- 동극 '우리 엄마, 아빠를 보았니?' (38쪽 참고)

3. 가족이 사는 동네

동네에는 무엇이 있을까? / 동네에서 들을 수 있는 소리
/ 블록으로 자동차 길 만들기 / 유치원 동네 구성하기
/ 여러 가지 집 모양 종이판화 / 나의 집 만들기 / 우리 집은 몇 층인가요?
/ 수대로 짝짓기 / 색깔판 뒤집기 / 큰 뚜껑, 작은 뚜껑
/ 어른께 존댓말 사용하기 / 스카프 춤
/ 옆으로 구르기 / 볼링 놀이

활 동 1

동네에는 무엇이 있을까?

집단형태

중집단활동(약 10명)

활동유형

이야기나누기

활동자료

손인형, 동네 그림 지도, 지역사회 기관 사진

활동목표

- 동네에는 여러 가지 기관이 있음을 안다.
- 동네 기관의 명칭과 기능을 안다.

활동방법

○ 손인형을 이용하여 활동을 소개한다.

- (손인형을 이용하여) ○○○반 어린이들 안녕? 나는 철이야. 만나서 반가워. 오늘은 너희들에게 내가 사는 동네를 소개해주고 싶어서 놀러왔어.
- (그림 자료를 보며) 여기가 내가 살고 있는 동네야. 이곳이 우리 집이야.

○ 병원에 대하여 이야기를 나눈다.

- (손인형을 이용하여) 감기에 걸렸거나 배가 아플 때, 이가 아플 때 어디로 가야 할까?
  - 병원에 가야 한다.
- (병원 그림을 가리키며) 우리 집 근처에도 병원이 있어.
- ○○○반 어린이들도 병원에 가본 적이 있나요? 언제 병원에 갔었나요?
  - 배가 아플 때
  - 감기에 걸렸을 때
  - 이가 아플 때
- 병원은 무엇을 하는 곳인가요?
- (병원에서 의사 선생님, 간호사 선생님이 진료하는 모습이 담긴 사진을 보여주며) 병원은 의사 선생님, 간호사 선생님이 아픈 사람을 치료해주는 곳이에요.

○ 서점에 대해 이야기 나눈다.

- (손인형을 이용하여) 음… 엄마가 재미있는 동화책을 한 권 사주신다고 했는데… 어디에 가면 책을 살 수 있을까?
  - 서점
- ○○○반 어린이들도 서점에 가본 사람이 있나요? 서점에 가서 무엇을 보았나요? 서점에서 어떤 일을 했나요?
- (서점 사진을 보여주며) 서점은 이렇게 사람들이 책을 보거나 책을 살 수 있는 곳이에요.

○ 우리 동네에는 병원, 서점 이외에 여러 기관이 있음을 이야기하고, 유아들의 경험을 이야기 나눈다. TIP

- 우리 동네에는 병원이나 서점 이외에도 또 어떤 곳들이 있을까요?
- 어떤 곳에 가보았나요?
- 그곳에서 무엇을 했나요?

관련활동

- 조형 영역 '유치원 동네 구성하기' (104쪽 참고)
- 조형 영역 '여러 가지 집 모양 종이판화' (106쪽 참고)

TIP 가게, 소방서, 문방구 등 유아들이 보았거나 가보았을 것 같은 지역사회 기관의 사진을 준비하여 유아들이 경험을 이야기할 때 자료로 이용할 수 있도록 한다.

활 동
2 동네에서 들을 수 있는 소리

집단형태

자유선택활동

활동유형

언어 영역

활동자료

동네에서 들을 수 있는 소리 녹음 자료(예: 자동차 경적소리, 시장에서 나는 소리, 놀이터에서 나는 소리, 공사장에서 나는 소리 등), 녹음기, 소리를 들을 수 있는 장소 그림 카드(예: 길, 시장, 놀이터, 공사장 등)

활동목표

- 동네 주변에서 들을 수 있는 다양한 소리에 관심을 갖는다.
- 동네 주변에서 들을 수 있는 다양한 소리를 구분한다.
- 주의 깊게 듣는 능력을 기른다.

활동방법

○ 녹음된 소리를 들을 수 있는 장소가 그려진 그림카드를 소개한다.
- 이 카드에는 동네에서 볼 수 있는 여러 가지 장소 그림이 그려져 있어요. 어떤 곳들이 있는지 함께 살펴봅시다.

○ 그림카드에 제시된 장소에서 들을 수 있는 소리를 예측해본다.
- (놀이터가 그려진 그림카드를 보여주며) 여기는 어디일까요? 놀이터에서는 어떤 소리가 날까요?
- 시장에 가 본 적이 있나요? 시장에 가면 어떤 소리가 들릴까요?

○ 녹음된 소리를 듣고 어떤 곳인지 알아맞힌다.
- 선생님이 놀이터나 시장, 공사장에서 나는 소리를 녹음해왔어요.
- 소리를 듣고 어떤 곳인지 찾아보세요.

○ 녹음된 소리 외에 그림카드에 제시된 장소에서 들을 수 있는 소리를 내본다.

○ 언어 영역에 녹음 자료와 그림카드를 제시한다. 유아들이 동네에서 들을 수 있는 소리를 들은 후 해당되는 장소 그림카드를 찾아보도록 한다.

활동 3 블록으로 자동차 길 만들기

활동목표

- 동네 주변 환경에 관심을 갖는다.
- 동네의 길, 교통기관에 관심을 갖는다.

활동방법

○ 모형 자동차를 가지고 놀이하는 유아에게 길을 만들 것을 제안한다.
- 자동차가 다닐 수 있는 길을 만들어 봅시다.
- 무엇으로 자동차길을 만들어 볼까요?

○ 종이 벽돌 블록으로 자동차 길을 만든다.
- 종이 벽돌 블록을 길게 이어서 길을 만들어 봅시다.
- 블록을 옆으로 넓게 이어서 길을 만들어 보세요. 어떤 모양의 자동차 길이 되었나요?
- 블록을 지그재그로 연결해서 길을 만들어 볼까요?
- ○○가 만든 길과 연결해 봅시다.

○ 유아들이 만든 자동차 길 위에서 자동차 놀이를 한다.

○ 놀이가 끝나고 난 뒤 블록과 모형 자동차를 제자리에 정리한다.

집단형태
자유선택활동

활동유형
쌓기 놀이 영역

활동자료
종이 벽돌 블록, 모형 자동차

친구와 함께 블록으로 자동차 길 만들기

블록으로 만든 자동차 길에서 자동차 놀이하기

활동 4

유치원 동네 구성하기

집단형태

자유선택활동

활동유형

조형 영역

활동자료

유치원 그림지도, 전지, 그리기도구(예: 크레파스, 매직 등), 물감 TIP, 물감접시, 스펀지 또는 모루 도장(예: 아파트, 집, 자전거, 어린이 모양 등), 붓, 물통, 건조대

TIP 전지의 두께가 얇기 때문에 물감이 너무 묽을 경우 종이가 찢어질 수 있으므로 물이 거의 묻어나오지 않도록 물감의 농도를 조절한다.

도장 찍어 동네 구성하기

'유치원 동네' 완성 작품

활동목표

- 유치원 동네 주변 환경에 관심을 갖는다.
- 또래들과 협력하여 공동작품을 구성한다.

활동방법

| 사전활동 : 유치원 지도 살펴보기 |

○ 유아들에게 유치원의 그림 지도를 소개한다.

- (유치원의 그림지도를 보여주며) 이것은 유치원과 유치원 마당에 무엇이 있는지 알려주는 그림이에요. 어떤 곳들이 그려져 있는지 함께 살펴봅시다.
- ○○○반은 유치원 어디에 있을까요?
- (유치원 마당의 그네 그림을 가리키며) 이것은 무엇일까요?
  - 그네
- 마당 놀이시간에 모래 놀이를 할 수 있는 곳은 어디일까요?
- (한 장소씩 손으로 짚으며) 이렇게 수돗가, 화단, 종합놀이터 등이 그림으로 그려져 있어요.

| 본 활동 : 유치원 동네 구성하기 |

○ 활동을 소개한다.

- 유치원이 있는 동네에서 무엇을 볼 수 있을까요? ○○는 유치원에 오면서 무엇을 보았나요?
  - 아파트, 놀이터, 가게 등
- 유치원과 유치원 마당에 무엇이 있는지 알려주는 그림처럼 ○○○반 어린이들이 함께 유치원 동네에 무엇이 있는지 알려주는 그림을 꾸며봅시다.

○ 책상 위에 전지를 올려놓고 크레파스, 매직 등을 이용하여 길을 그린다.

- 종이 위에 여러 가지 모양의 도장을 찍어서 유치원 동네를 꾸며볼 거예요.
- 먼저 종이에 길을 그려봅시다. 길을 더 그리고 싶은 곳이 있나요?

○ 도장의 모양을 살펴본다.

- 어떤 모양의 도장이 있는지 살펴보세요.

○ 도장에 물감을 골고루 묻힌 후 전지 위에 찍고 찍혀 나온 도장의 모양을 살펴본다.

- 어디에 나무 모양을 찍을까요? 나무 모양 도장을 찍어보세요.

- 나무를 더 심고 싶은 곳이 있나요?
- 집 모양 도장은 어디에 찍고 싶나요? 어떤 모양의 집이 찍혀졌나요?
- 건물을 더 세우고 싶은 곳이 있나요?
- 사람 모양 도장은 어디에 찍을까요?
- 길을 더 그려야 하는 곳이 있나요?

○ 완성된 작품을 건조대에 널어 말린다.

- 물감이 마르면 나무나 집, 사람 등을 색칠해서 더 꾸며줄 수 있어요.

○ 완성된 공동작품을 감상하고 교실 벽면에 전시한다.

- 모두 함께 꾸민 작품을 보니 어떤가요?
- 그림을 그려 넣고 싶은 곳이 있나요? 어디에 어떤 그림을 그릴까요?

관련활동

- 이야기나누기 '동네에는 무엇이 있을까?' (100쪽 참고)
- 조형 영역 '여러 가지 집 모양 종이판화' (106쪽 참고)

활동 5 여러 가지 집 모양 종이판화

집단형태

자유선택활동

활동유형

조형 영역

활동자료

여러 가지 집 모양 종이판화 판(아파트, 한옥, 주택 등), 물감(2색 TIP 1), 물감 접시, 스펀지 붓 TIP 2, 신문지 TIP 3, 16절 도화지, 건조대, 작업복

여러 가지 집 모양 종이판화 판

TIP 1 처음에는 두 가지 색의 물감을 제시한다. 다음 날은 다른 색의 물감을 제시하여 유아들이 다양한 색을 경험하도록 한다.

TIP 2 활동 시 두 가지 색의 물감이 섞이지 않도록 스펀지의 손잡이 부분에 색종이나 색 테이프로 해당 색을 표시한다.

TIP 3 종이판화의 판 아래에 신문지를 깔아 책상에 물감이 묻는 것을 방지한다.

활동목표

- 동네 주변에서 볼 수 있는 다양한 집 모양에 관심을 갖는다.
- 도구의 사용법을 알고 사용한다.

활동방법

○ 여러 가지 집 모양 종이판화 판을 탐색한다.
- 종이판화 판에 어떤 모양의 집들이 있는지 살펴봅시다.

○ 집 모양 종이판화 판을 선택한다.

○ 종이판화 판 위를 스펀지 붓으로 문질러서 물감을 골고루 묻힌다.

종이판화 판 위에 물감 골고루 묻히기

○ 도화지를 종이판화 판 위에 올려놓고 손바닥으로 문지른다.
- 손바닥으로 고루 문질러봅시다. 종이에 어떤 모양이 찍힐까요?

○ 도화지를 들어내어 도화지에 찍혀 나온 집 모양을 살펴본다.

○ 완성된 작품을 건조대에 널어 말린다.
- 물감을 잘 말리려면 어디에 두어야 할까요?
  - 건조대에 말린다.

○ 교사가 완성된 판화의 집을 모양대로 오려 교실 벽면에 전시한다.

'여러 가지 집 모양 종이판화' 벽면 전시

관련활동

- 이야기나누기 '동네에는 무엇이 있을까?' (100쪽 참고)
- 조형 영역 '유치원 동네 구성하기' (104쪽 참고)

활동 6

나의 집 만들기

집단형태

자유선택활동

활동유형

조형 영역

활동자료

종이상자(예: 포장지, 소포지, 색종이 등으로 감싼 것 등), 창문 모양 종이, 뚜껑, 모양 종이, 풀, 매직, 네임펜, 이름 스티커

TIP 유아들이 완성한 집들로 동네를 구성한다. 사람 모형, 나무 모형, 자동차 모형 등을 함께 전시한다.

나의 집 만들기

완성 작품

활동목표

- 나의 집의 모양에 관심을 갖는다.
- 여러 집들이 모여 동네를 구성함을 안다.
- 재활용품을 활용하여 집을 만든다.

활동방법

○ 유아가 살고 있는 집에 대해 이야기 나누며 활동을 소개한다.
- ○○의 집은 어떻게 생겼나요?
- ○○의 집은 몇 층인가요?
- 책상 위에 무엇이 있나요?
  - 여러 가지 크기와 모양의 종이상자, 창문 모양 종이 등이 있다.
- 이 재료들로 내가 살고 있는 집을 만들어볼 거예요.

○ 나의 집을 만든다.
- 종이상자가 몇 개 필요한가요?
- 문은 어디에 만들어 줄까요?
- 창문을 몇 개 달까요?
- 뚜껑(모양 종이)으로 집을 꾸며 보세요.

○ 유아가 집을 완성하면 교사는 집에 대한 유아의 설명을 적는다.

○ 완성한 집의 밑면에 유아가 집을 완성한 날짜를 적고 이름스티커를 붙인다.

○ 유아들이 완성한 집을 모아서 동네를 구성한다. TIP

활동 7

우리 집은 몇 층인가요?

활동목표

- 내가 살고 있는 집의 특성을 안다.
- 높이를 비교하는 말을 익힌다.

활동방법

| 소집단 활동 : 내가 살고 있는 집과 층수 알아보기 |

○ 방안놀이 혹은 마당 놀이 시간에 소집단으로 모여 다양한 종류의 집 사진을 보며 자신이 살고 있는 집에 대해 이야기를 나눈다.

- ○○○반 어린이들은 어떤 종류의 집에 살고 있나요?
- 선생님은 '아파트'라는 곳에 살고 있어요. (아파트 사진을 보여주며) 이렇게 여러 집이 함께 모여 있는 곳을 아파트라고 불러요. 아파트가 어떻게 생겼나요?
  - 건물의 높이가 높다.
  - 건물이 네모 모양으로 생겼다.
- 선생님처럼 아파트에 살고 있는 사람이 있나요?
- 아파트가 아닌 다른 종류의 집에 살고 있는 사람이 있나요? 어떤 종류의 집에 살고 있나요?
  - 주택에 살고 있다.
  - 빌라에 살고 있다.
- 선생님은 ○층에 살고 있어요. ○○는 몇 층에 살고 있나요?

| 대집단 활동 : ○○○ 반 어린이들이 살고 있는 층수 비교하기 |

○ 활동을 소개한다.

- 방안(마당)놀이 시간 ○○○반 어린이들이 어떤 종류의 집에 살고 있는지, 몇 층에 살고 있는지 이야기를 나누었어요. ○○○반 어린이들은 몇 층에 살고 있나요?
- (유아 개인 얼굴 사진과 살고 있는 집의 층수가 적혀 있는 집 그림을 게시판에 붙이며) 선생님이 ○○○반 어린이들이 몇 층에 살고 있는지, 어떤 종류의 집에 살고 있는지 그림으로 만들어 보았어요.
- 이제 ○○○반 어린이들이 몇 층에 살고 있는지 함께 살펴봅시다.

○ 몇 층에 살고 있는지 이야기를 나누며 높이를 비교해본다.

집단형태

소집단활동(약 5명) · 대집단활동

활동유형

수학

활동자료

다양한 종류의 집 사진, 유아 개인 얼굴 사진과 살고 있는 집의 층수가 적혀 있는 집 그림, 게시판

유아 개인 얼굴 사진과 살고 있는 집의 층수가 적혀 있는 집 그림 예

- (숫자 ○이 적혀 있는 그래프에 교사 얼굴이 제시되어 있는 아파트 그림을 붙이며) 선생님은 ○층에 살고 있어요. 선생님처럼 ○층에 살고 있는 사람은 누구인가요?
- 선생님의 집 그림 옆에 ◇◇와 △△의 집 그림을 붙여볼게요. 선생님과 ◇◇와 △△는 같은 층에 살고 있어요.
- △층에 살고 있는 사람은 손을 들어보세요. 집 모양 그림에 숫자 △가 적힌 사람은 누구인가요?
- (□□의 집 그림을 게시판에 붙이며) □□는 몇 층에 살고 있나요?
- (□□와 ◇◇를 가리키며) □□와 ◇◇중 누가 더 높은 곳에 살고 있을까요?
- 제일 낮은(높은) 층에 살고 있는 사람은 누구인가요?

○ 같은 층에 사는 유아들끼리 하나의 그룹으로 묶어서 층수를 나타내는 숫자와 함께 교실 벽면에 게시한다.

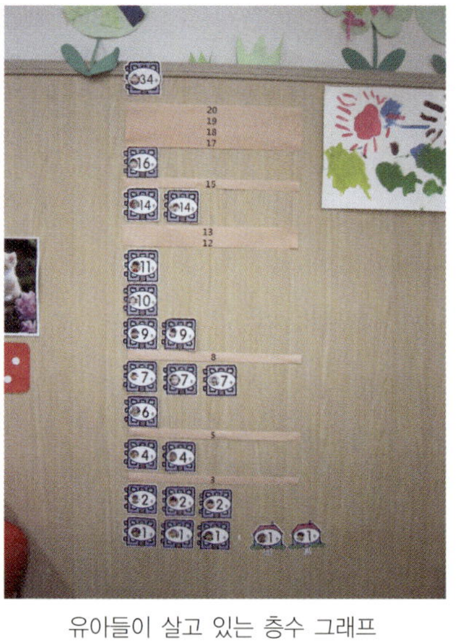

유아들이 살고 있는 층수 그래프

활동 8 수대로 짝짓기

집단형태

중 · 대집단활동(약 10~20명)

활동유형

신체(게임)

활동자료

1~4가 적힌 숫자판, 호루라기

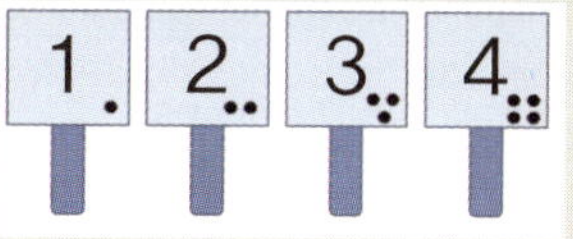

숫자판

활동목표

- 일대일 대응 능력을 기른다.
- 신체 활동에 참여하기를 즐긴다.

활동방법

○ 숫자판에 적힌 숫자를 살펴보며 게임 방법을 이야기한다.
- 숫자판에 무엇이라고 적혀있나요?
- 숫자판에 적힌 숫자대로 사람들이 모이는 게임을 할 거예요.
- 걷기 음악에 맞추어 자유롭게 유희실을 걸어 다니다가 선생님이 호루라기를 불면 제자리에 멈춰요. 그리고 선생님이 보여주는 숫자판의 숫자만큼 모이는 거예요.
- 선생님이 '2' 라고 적힌 숫자판을 들면 몇 명이 모여야 할까요?
- 선생님이 '4' 라고 적힌 숫자판을 들면 몇 명이 모여야 할까요?
- 숫자대로 모인 사람들은 얼른 제자리에 앉으세요. 짝을 찾지 못한 사람들은 짝을 찾지 못한 다른 친구들이 있는지 찾아보세요.

○ 유아 4명이 나와서 게임을 한다. 유아들은 걷기 음악에 맞추어 유희실을 자유롭게 돌아다니다가 교사가 호루라기를 불고 숫자판을 들면 숫자판에 적힌 숫자만큼 모인 후 자리에 앉는다.

○ 반집단씩 나와서 게임을 한다.

○ 모든 유아들이 나와서 게임을 한다.

수대로 짝짓기

유의점

- 게임에 참여하는 전체 유아 수를 고려하여 숫자를 선택한다. 숫자대로 모이지 못한 유아들이 소외감을 느끼지 않도록 배려한다.

관련활동

- 수학 '가족 수 비교하기' (31쪽 참고)

활동 9

색깔판 뒤집기

집단형태

중 · 대집단 활동(약 10~20명)

활동유형

신체(게임)

활동자료

색깔판 30개(양면의 색깔이 서로 다른 것 – 파란색/하얀색), 파란색 · 하얀색 출발선, 호루라기

활동대형 TIP 1

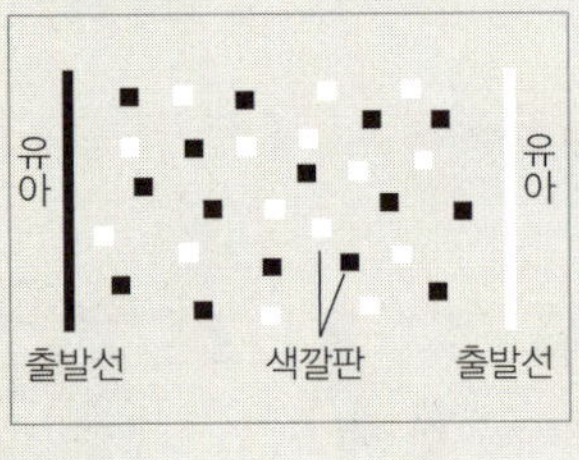

TIP 1 양쪽 바닥에 출발선을 붙여 유아들이 게임 공간을 인식할 수 있도록 한다. 게임 공간 안에 파란색과 하얀색 색깔판이 한 쪽이 몰리지 않도록 골고루 섞어 놓는다.

활동목표

- 자신이 속한 편을 안다.
- 민첩성을 기른다.
- 게임의 규칙을 알고 준수하는 태도를 지닌다.

활동방법

| 사전활동 : 한 가지 색깔이 나오도록 색깔판 뒤집기 |

○ 게임 자료를 소개한다.

- (유아들에게 색깔판을 보여주며) 한 쪽은 파란색이고 다른 한 쪽은 하얀색인 색깔판이 있어요.

○ 활동 방법을 소개한다.

- 색깔판을 뒤집어서 다른 색깔로 바꾸는 게임을 할 거예요.
- 바닥에 파란색이 보이도록 색깔판을 놓아두었어요.
- 출발표시에 서 있다가 선생님이 호루라기를 불면 색깔판이 있는 곳까지 달려 나오세요. 그리고 파란색 색깔판을 뒤집어 하얀색으로 바꾸면 돼요.
- 선생님이 다시 호루라기를 불면 하던 것을 멈추고 선 밖으로 나와서 앉으면 돼요.

○ 유아 2~3명씩 나와서 색깔판을 뒤집는다.

○ 교사는 색깔판이 모두 하얀색으로 바뀌면 호루라기를 분다.

색깔판 뒤집어서 한 가지 색깔로 만들기

○ 반대로 파란색이 나오도록 색깔판을 뒤집는다.

| 본 활동 : 두 편으로 나누어 색깔판 뒤집기 |

○ 양편으로 나누어 마주보고 앉는다.

○ 활동 방법을 소개한다.

- 오늘은 두 편으로 나누어 색깔판 뒤집기 게임을 할 거예요.
- 파란색 선 뒤에 앉은 어린이들은 파란 편, 하얀색 선 뒤에 앉은 어린이들은 하얀 편이에요. 우리는 ○○색 선 뒤에 앉아 있으니까 어떤 편인가요?
  - ○○편이다.
- 선생님이 호루라기를 불면 파란 편 어린이들은 파란색 판이 보이도록, 하얀 편 어린이들은 하얀색 판이 보이도록 하는 거예요.
- 파란 편 어린이들은 하얀색 판을 뒤집어서 파란색 판이 보이도록 하세요. TIP 2
- 하얀 편 어린이들은 파란색 판을 뒤집어서 하얀색 판이 보이도록 하세요.
- 색깔판을 뒤집다가 선생님이 호루라기를 불면 뒤집는 것을 멈추세요. 그리고 선 밖에 있는 자기 자리로 가서 앉으세요.
- 게임이 끝난 다음에 어떤 색 색깔판이 많은지 함께 세어볼 거예요.

○ 게임을 한다. TIP 3

- 양편에서 유아 2명씩 나와서 게임을 한다.
- 양편에서 유아 3명씩 나와서 게임을 한다.
- 양편의 모든 유아가 나와서 게임을 한다.

○ 게임 자료를 정리하면서 각 편의 색깔판 수가 몇 개인지 세어본다.

- 파란 편은 파란색 색깔판이 많아야, 하얀 편은 하얀색 색깔판이 많아야 이겨요. 먼저 하얀색 색깔판의 수를 함께 세어봅시다. 모두 몇 개인가요?
- 이제 파란색 색깔판의 개수도 함께 세어봅시다.
- 어느 편의 색깔판의 개수가 더 많은가요?

확장활동

- 본 게임은 이화가족 가을놀이마당, 소풍, 가족의 날과 같이 전 원아가 참여하는 행사에서 실시할 수 있다

TIP 2 유아가 게임 시범을 보일 때 교사는 유아의 행동을 구체적으로 설명한다.

TIP 3 유아들이 게임을 하기 전에 자신이 바꾸어야 할 색깔이 무엇인지 알도록 교사가 정확히 알려준다. 게임 시 자기 편 근처에서만 게임을 하는 유아들이 있다. 이때 교사는 바꾸어야 하는 색깔판이 있는 위치를 알려준다.

양편으로 나누어 색깔판 뒤집기

활동 10

큰 뚜껑, 작은 뚜껑

집단형태

자유선택활동 · 소집단활동(약 5명)

활동유형

수학 · 조작 영역

활동자료

집 안에서 볼 수 있는 뚜껑이 있는 여러 가지 물건(예: 뚜껑이 있는 냄비, 네임펜 등 TIP 1), 교실에서 찾은 뚜껑이 있는 여러 가지 물건, 뚜껑을 올려놓을 동그란 쟁반이나 접시

TIP 1 유아들과 함께 가정이나 유치원에서 뚜껑을 수집한다.

활동목표

- 사물을 하나의 준거(모양, 크기)에 따라 분류하고 순서 짓는다.
- 사물을 이용해 구성물을 만든다.

활동방법

○ 집안에서 볼 수 있는 뚜껑이 있는 여러 가지 물건에 대해 이야기 나눈다.

- 선생님이 여러 가지 물건을 준비해보았어요. 어떤 물건이 있는지 함께 살펴봅시다.
- (뚜껑이 있는 냄비를 보여주며) 이것은 무엇일까요?
  - 냄비
- (냄비의 뚜껑을 열며) 이것은 뚜껑이 있는 냄비에요. 이 물건을 어디에서 보았나요?
  - 부엌, 주방에서 보았다.
  - 엄마가 밥을 할 때 사용하신다.
  - 아빠가 냄비에 국수를 만들어 주셨다.
- 엄마, 아빠가 음식을 만들어 주실 때 사용하신 뚜껑이 있는 냄비에요.
- (네임펜을 보여주며) 이것은 무엇일까요?
  - 네임펜
- 언제 사용하는 물건일까요?
  - 그림을 그린다.
  - 글씨를 쓴다.
- (네임펜의 뚜껑을 열며) 이렇게 뚜껑을 열어 그림을 그리거나 글씨를 쓸 수 있어요.
- 집 안에는 뚜껑이 있는 여러 가지 물건이 있어요. ○○○반 교실에서도 뚜껑이 있는 물건을 찾아봅시다.

○ 유아와 함께 교실 곳곳을 다니면서 뚜껑이 있는 물건(예: 여러 가지 화장품 용기, 부엌 그릇류, 놀잇감 등)을 찾아본다.

- ('여기 저기' 노래를 개사하여 부르면서) 작은 뚜껑은 어디 있나? 여기! 큰 뚜껑은 어디 있나? 여기! 초록 뚜껑 어디 있나? 여기! 노란 뚜껑 어디 있을까? 여기!

○ 찾아낸 뚜껑의 모양과 크기를 살펴보고 분류한다.

- 같은 모양의 뚜껑끼리 모아보세요.

- 냄비뚜껑처럼 꼭지가 달린 뚜껑끼리 모아보세요. 또 어떤 모양끼리 모아 볼까요?
  - 동그란 원기둥 모양으로 된 뚜껑
  - 반찬통 뚜껑처럼 네모 모양 뚜껑 등

같은 모양의 뚜껑끼리 분류하기

- 어떤 뚜껑이 제일 큰가요? 그 다음은요?
- 모아놓은 뚜껑을 큰 것에서 작은 것 순서대로 놓아봅시다.

○ 뚜껑의 모양과 크기를 탐색하며 다양한 모양을 구성한다.

- 같은 모양의 뚜껑으로 탑을 쌓아봅시다.
- 뚜껑으로 또 어떤 것을 만들어보고 싶나요?
  - 뚜껑을 길게 이어서 뚜껑 기차를 만든다.
  - 동그란 쟁반이나 접시에 뚜껑을 올려놓고 얼굴을 꾸민다.
- 뚜껑으로 피자를 만들어 볼까요? (뚜껑을 방석에 올려놓으며) 햄도 넣고, 양파도 넣고 버섯도 넣어보세요. TIP 2

TIP 2 바닥에 피자판과 같은 동그라미 모양을 붙여주거나 동그란 방석, 카펫을 깔아준다.

뚜껑으로 탑 쌓기

기차 만들기

뚜껑으로 피자 만들기

활동 11

어른께 존댓말 사용하기

집단형태

대집단활동

활동유형

사회

활동자료

손인형(어린이 인형 2개, 엄마 인형 1개)

활동목표

- 상황에 적절한 존댓말 사용법을 안다.
- 어른께 존댓말을 사용하는 기본생활습관을 기른다.

활동방법

○ 손인형을 사용하여 존댓말을 사용하지 않은 어린이의 이야기를 들려준다.

① **웃어른을 만났을 때**

- 여기는 ○○유치원 ◇◇◇반이에요. 장 앞에 아이들이 있네요. 아이들이 무슨 얘기를 하는지 함께 들어봅시다.

민　　지　민수야, 안녕.

민　　지　민지야, 안녕.

민수와 민지가 ◇◇◇반으로 들어왔어요. 선생님이 계시네요.

민　　지　선생님, 안녕.

민　　수　민지야, 어른에게 인사할 때에는 그렇게 하면 안돼.

교　　사　○○○반 어린이들은 어른에게 인사할 때 어떻게 해야 하는지 알고 있나요?

유 아 들　'안녕하세요' 라고 허리 숙여서 인사해야 해요.

민　　지　맞아. 민지야, 우리 같이 선생님께 바르게 인사드리자.

- ○○○반 어린이들도 민수와 민지처럼 바르게 인사해 봅시다.

② **식사를 할 때**

엄　　마　민지야, 점심 먹자. 어서 오렴.

민　　지　아, 맛있겠다. 빨리 밥 먹어야지! 엄마도 빨리 밥 먹어.

교　　사　○○반 어린이들은 점심을 먹을 때 엄마에게 어떻게 인사를 해야 하는지 알고 있나요?

유 아 들　'맛있게 잘 먹겠습니다, 식사하세요.' 하고 이야기해요.

- 우리도 밥먹기 전에 '잘 먹겠습니다' 라고 바르게 인사해 봅시다.

○ 어른에게 존댓말을 사용해야 함을 알려준다.

- 어른에게 이야기할 때에는 어떻게 해야 할까요? 친구에게 이야기를 하는 것처럼 이야기해도 될까요?
- 어른에게 '나 이 자동차 갖고 놀래.', '이거 하고 싶어.' 라고 이야기하는 것은 바르게 이야기하는 것일까요?
- 어른에게 이야기할 때에는 '존댓말' 을 사용해야 해요. '존댓말' 은 어른에게 높

여서 사용하는 말이에요.

■ 그래서 어른에게는 '이 자동차 갖고 놀고 싶어요.', '이거 하고 싶어요.' 라고 이야기해야 해요.

유의점

■ 어른께 존댓말을 사용하는 것을 생활 속에서 실천할 수 있도록 지도한다. 유치원 하루 일과 속에서 지속적으로 유아들의 언어 습관을 관찰하고 존댓말 사용 방법을 반복해서 지도한다. 교사가 일상생활 속에서 존댓말 사용을 시범 보여 유아들이 존댓말에 익숙해지도록 한다.

관련활동

■ 이야기나누기 '가족의 날 준비' (73쪽 참고)
■ 이야기나누기 '조부모님의 날 준비' (77쪽 참고)

활동 12

스카프 춤

집단형태

중집단활동(약 10명)

활동유형

율동

활동자료

여러 가지 색깔의 스카프, 음악(예: 요한스트라우스 '봄의 왈츠', 엘가 '사랑의 인사' 등)

활동목표

- 다양한 방법으로 스카프를 움직여본다.
- 스카프를 이용하여 음악의 느낌을 창의적인 동작으로 표현한다.

활동방법

○ 스카프를 소개한다.

- 이것은 무엇일까요?
  - 스카프이다.
- 스카프를 본 적이 있나요? 누가 스카프를 사용하고 있었나요?
  - 엄마가 스카프를 목에 두르는 모습을 보았다.
  - 어깨에 두르는 모습을 보았다.

○ 스카프를 탐색한다.

- 스카프를 한 손으로 잡고 위, 아래로 흔들어보세요.
- 스카프를 위로 휙 던져보세요.
- 스카프를 두 손으로 잡고 입으로 훅 불어보세요.
- 이번에는 스카프를 한 손으로 잡고 빙글빙글 돌려봅시다.
- 또 어떻게 할 수 있을까요?
  - 양 옆으로 흔든다.
  - 양손으로 잡고 올렸다가 내린다.

○ 스카프 춤 활동을 소개한다.

- 음악에 맞추어서 스카프를 움직여봅시다. 어떤 음악에 맞추어 스카프를 움직일지 잘 들어보세요.

○ 음악을 듣고 느낌 점에 대해 이야기 나눈다.

- (음악을 듣고 난 후) 어떤 느낌이 드나요?
  - 새가 날아가는 것 같다.
  - 꽃이 피어나는 것 같다.
- 새가 날아가는 모습이 떠올랐군요. 또 어떤 느낌이 들었나요?
- 스카프를 어떻게 움직여볼 수 있을까요? 스카프로 새가 날아가는 모습을 어떻게 표현할 수 있을까요?

○ 유아 5명이 나와서 음악에 맞추어 스카프 춤을 춘다.

- 방금 이야기 나누었던 음악을 다시 들으면서 스카프를 가지고 몸을 움직여 보세요. TIP

○ 다른 5명의 유아가 나와서 음악에 맞추어 스카프 춤을 춘다.

○ 모든 유아가 나와서 음악에 맞추어 스카프 춤을 춘다.

○ 방안놀이 시간에 유아들이 스카프 춤을 출 수 있도록 활동 후 교실 내 음률 영역에 스카프를 제공한다.

스카프 춤 추기

TIP 유아들이 율동할 때 교사는 유아들의 움직임을 구체적으로 묘사하고 다양한 상황, 느낌 등을 언급하여 유아들이 여러가지 동작을 표현할 수 있도록 한다. 창의적인 동작을 한 유아에게 다시 한 번 보여줄 것을 부탁한다.

활 동

13 옆으로 구르기

집단형태

중집단활동(약 10명)

활동유형

신체(체육)

활동자료

매트 2장, 호루라기

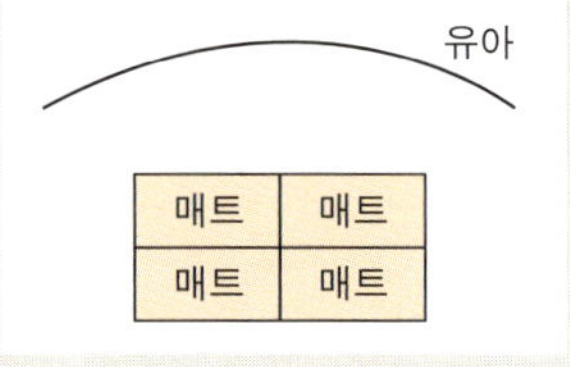

활동목표

- 대근육을 조절하여 신체를 움직인다.
- 교사의 지시를 듣고 이해한다.

활동방법

○ 옆으로 구르는 방법을 소개하며 교사가 정확한 시범을 보인다.

- 매트에 누워 옆으로 굴러봅시다.
- 선생님이 옆으로 구르는 방법을 보여줄게요.
  - 매트가 있는 곳까지 걸어간다.
  - 매트 위에 눕고 두 손을 가슴에 모은다.
  - 옆으로 구른다.
  - 반대쪽으로 가서 앉는다.

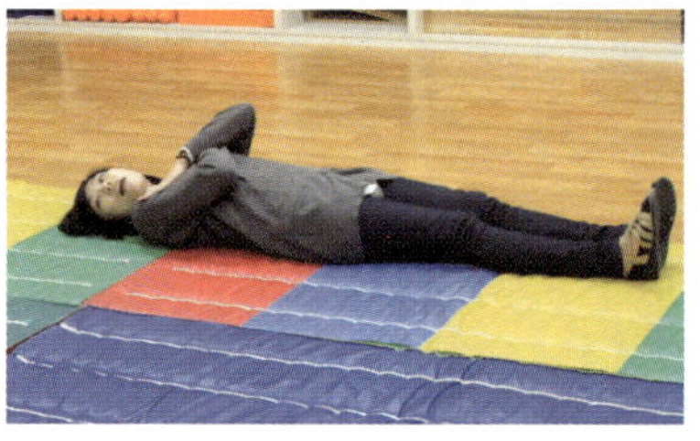

교사가 시범 보이기

○ 유아 두 명씩 바른 자세로 매트 위에서 옆으로 구르기를 한다. 이때 교사는 잘못된 자세로 옆으로 구르기를 하는 유아를 개별 지도한다.

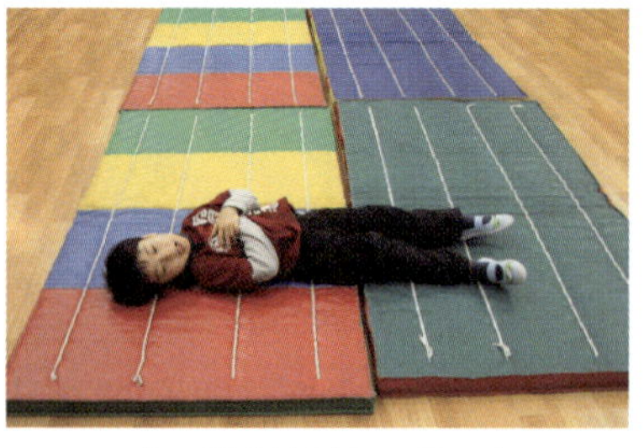

매트 위에서 옆으로 구르기

유의점

옆으로 구를 때 고개를 들면 다칠 수 있으므로 고개를 들지 않도록 지도한다.

활동 14 볼링 놀이

활동목표

- 팔의 힘과 움직임 방향을 조절한다.
- 볼링 놀이의 규칙을 준수한다.

활동방법

○ 흥미 영역에 새로 나온 볼링 놀잇감을 소개한다.

- 이것은 무엇일까요?
- 이것은 '볼링' 이라는 놀이를 할 때 사용하는 거예요. 볼링은 공을 굴려서 판에 세워진 볼링 핀들을 많이 맞추어 쓰러뜨리는 놀이에요.
- 엄마, 아빠와 함께 볼링 놀이를 해본 적이 있나요?

○ 볼링 놀이를 하는 방법에 대해 알아본다.

- 볼링 놀이를 어떻게 하는지 함께 살펴봅시다.
- 자리 표시가 몇 개 붙어 있나요? TIP
  - 2개
- 그러면 이 놀이는 몇 명이 할 수 있을까요?
  - 2명
- 이 놀이를 하려면 먼저 노란색 볼링판 위에 하얀색 볼링 핀을 세워야 해요. 볼링 핀을 하나씩 함께 세워봅시다. 판 위에 있는 구멍에 볼링 핀이 쏙 들어가도록 세워보세요.
- 이제 볼링공을 들고 자리 표시 위에 앉는 거예요. 공을 굴릴 수 있도록 다리를 넓게 벌려서 앉아야 해요.
- 준비가 되었으면 공을 굴려요. 그리고 볼링 핀이 몇 개 쓰러졌는지 세는 거예요.

○ 볼링 놀이를 할 때 지켜야 할 약속에 대해 이야기 나눈다.

- 볼링 놀이를 하고 싶은 사람이 많을 때에는 어떻게 해야 할까요?
  - 줄을 서서 한 명씩 차례로 볼링 놀이를 한다.
- 볼링 놀이를 할 때 어떤 약속을 지켜야 할까요?
  - 볼링공을 던지면 안된다. 친구가 맞아 다치거나 물건이 파손될 수 있기 때문이다.
  - 다른 사람이 공을 굴렸을 때는 공이 굴러가는 길로 지나가지 않는다.

집단형태

자유선택활동

활동유형

대근육 영역

활동자료

볼링 놀잇감 2세트(볼링공, 볼링 핀, 볼링 판), 자리 표시 2개

'볼링 놀이' 활동자료

TIP 자리 표시 대신에 일정 간격을 두고 선을 그어줄 수도 있다.

• 볼링핀을 쓰러뜨린 후에는 바로 볼링 핀을 세워 놓는다. 다음 사람이 바로 볼링 놀이를 할 수 있다.

○ 약속을 지키며 볼링 놀이를 한다.

공 굴려 볼링 핀 맞추기

부 록

1. 주간교육계획안

만 3세 ○○○ 반 주간교육계획안 20○○ 학년도 ○월 ○주	생활주제	가 족	주 제	가족의 구성 가족 사랑
목 표	나는 우리 가족의 중요한 구성원임을 안다. / 가족 구성원끼리 서로 사랑하고 있음을 안다. / 부모님께 감사하는 마음을 갖는다.			

활동	요일/날짜	월(○일)	화(○일)	수(○일)	목(○일)	금(○일)	평 가
자유선택활동	쌓기 놀이 영역	• 집짓기 • 코코 블록으로 '내가 사는 집' 구성하기 • 종이 벽돌 블록으로 도미노 만들기 →					
	역할 놀이 영역	• 가족 놀이(엄마, 아빠, 형, 언니 등 가족 구성원이 되어보기) • 아기 돌보기(아기가 먹을 음식 만들기, 아기 유모차에 태우고 산책가기) →					
	언어 영역	• '가족' 생활주제 관련 그림책 보기 • 가족 인형 놀이하기 →					
	수학 · 조작 영역	• 가족 구성원 패턴 만들기 • 집 그림 종이 퍼즐 맞추기 • 사과 모양 입체 나무 퍼즐 맞추기 →					
	과학 영역	• 그림자 탐색하기 • 열대어 관찰하기 / 먹이주기 • 달팽이가 좋아하는 것 알아보기 / 달팽이 먹이주기 →					
	조형 영역	• 어버이날 꽃 만들기 →		• 조부모님의 날 초대장 만들기 →		• 신문지 뭉쳐 찍기 →	
	음률 영역	• 악기 탐색하기(얼굴 모양 막대 캐스터네츠, 실로폰, 샌드 블록) • 친구와 함께 악기 연주하기 • 피아노 반주에 맞춰 노래 부르기 • '둘이 살짝' 율동하기 →					
	실외 영역	• 모래 놀이 • 만 3세 종합놀이터에서 놀이하기(미끄럼틀, 경사로, 그물다리, 등반용 경사벽면, 기어오르기 그물, 원통 기어가기 등) →					
대·소집단활동	이야기나누기	• 주말 지낸 이야기(개별)	• 어버이날			• 점심식사 평가	
	동화 · 동극 · 동시	• 세 마리 곰(음악동화)		• 세 마리 염소(테이블 동화 · 동극/소, 2집단)	• 아가 얼굴(동시)		
	음악	• 곰 세마리	• 닮은 곳이 있대요(새노래)	• 우리 모두 다 같이(악기연주)	• 커다란 꿀밤 나무 밑에서(새노래)	• 엄마, 내 얼굴	
	율동	• 둘이 살짝(소, 2집단)					
	체육						
	게임						
	수학	• 가족 수 비교하기					
	과학		• 열대어 어항 물 갈아주기				
	사회					• 실종 예방 교육	
	바깥 놀이		• '둘이 살짝' 율동 하기		• 유니바 3개 뛰어넘기		
	간식	• 양송이수프, 모닝빵1	• 삶은 달걀1, 사과1, 오렌지주스	• 옥수수빵1, 우유	• 송편2, 둥글레차	• 바나나1/2, 우유	
	전이 · 주의집중	• 선생님처럼 해봐요	• 거미줄에 걸린 코끼리(손유희)	• '닮은 곳이 있대요' 노래부르기	• 가족 수 비교하기	• 우드 블록 친 수 세기	
	귀가 지도	• 빌린 그림책 가져가기 / 대여한 그림책 안 가져온 사람 내일까지 가져오기	• 가정통신문 집으로 가지고 가기	• 집에 갈 때 개인장에 실내화 정리 잘하고 가기	• 내일은 체육활동을 할 것임. 편한 복장으로 유치원에 오기	• 주말 지낼 이야기하기 • 실내화 집으로 가지고 가기 • 도시락 집으로 가지고 가기	
비 고		※그림책 반납 및 대여일		※어버이날		※점심식사 지도 (학부모조력 : ○○○ 어머니)	
총 평							

만 3세 ○○○ 반 주간교육계획안 2000 학년도 ○ 월 ○ 주	생활주제	가 족	주 제	가족 사랑 가족이 사는 동네

목 표	가족의 소중함을 알고 가족을 사랑하는 마음을 갖는다. / 조부모님께 감사하는 마음을 갖는다. / 가족이 사는 동네에 관심을 가진다.

활동	요일/날짜	월(○일)	화(○일)	수(○일)	목(○일)	금(○일)	평 가
자유선택활동	쌓기 놀이 영역	• 코코 블록으로 내가 사는 집 만들기 • 블록으로 동네 길 만들기 • 블록으로 만든 길에서 자동차 놀이하기 →					
	역할 놀이 영역	• 가족 놀이(아빠, 엄마, 이모, 고모, 삼촌이 되어보기) • 아기 돌보기(아기에게 우유 먹이기, 아기 재우기, 아기와 놀아주기) →					
	언어 영역	• '가족' 생활주제 관련 그림책 보기 • 동네에서 들을 수 있는 소리 • '세 마리 염소' 인형극 하기 →					
	수학 · 조작 영역	• 그림자 보고 알맞은 그림 맞추기(동네 그림) • 큰 뚜껑, 작은 뚜껑 →					
	과학 영역	• OHP 기계에 그림자 동화 자료 비춰 보기 • OHP 기계에 여러 가지 물건 올려놓고 그림자 관찰하기(블록, 음식 모형, 색연필, 자동차 모형 등) →					
	조형 영역	• 가족 사진 액자 만들기 →		• 밀가루 점토로 구성하기	• 여러 가지 집 모양 종이판화 →		
	음률 영역	• 악기 탐색하기(얼굴 모양 막대 캐스터네츠, 실로폰, 샌드 블록) • 친구와 함께 악기 연주하기 • 피아노 반주에 맞춰 노래 부르기 • '둘이 살짝' 율동하기 →					
	실외 영역	• 모래 놀이 • 만 3세 종합놀이터에서 놀이하기(미끄럼틀, 경사로, 그물다리, 등반용 경사벽면, 기어오르기 그물, 원통 기어가기 등) →					
대 · 소집단활동	이야기나누기	• 주말 지낸 이야기(개별)	• 조부모님의 날 준비(소, 3집단)	• 조부모님의 날 • 조부모님께 노래, 악기연주, 율동 보여드리기	• 동네에는 무엇이 있을까? (소, 2집단)	• 점심식사 평가	
	동화 · 동극 · 동시			• 도깨비 방망이(PPT)			
	음악	• 할아버지 할머니(새노래)	• 조부모님께 보여드릴 노래, 악기연주 연습하기	• 할아버지 할머니, 닮은 곳이 있대요			
	율동		• 조부모님께 보여드릴 율동 연습하기	• 높이 뛰세요, 통통통		• 스카프 춤(소, 2집단)	
	체육	• 옆으로 구르기					
	게임				• 수대로 짝짓기(소, 2집단)		
	수학					• 우리 집은 몇 층인가요?	
	과학						
	사회	• 어른께 존댓말 사용하기		• 조부모님께 인사드리기			
	바깥 놀이		• 널빤지 건너기		• '통통통' 율동하기		
	간식	• 소고기 떡볶이4, 우유	• 유기농 카스텔라1, 우유	• 쑥굴레떡, 방울토마토, 식혜(조부모님), 유기농 사과주스(유아)	• 찐감자1, 우유	• 산딸기 샤브레1, 우유	
	전이 · 주의집중	• 다섯 작은 꾀꼬리(손유희)	• 배운 노래 부르기	• 하나하고 하나하면(손유희)	• 틀린 그림 찾기(동네 그림)	• 선생님처럼 해봐요	
	귀가 지도	• 빌린 그림책 가지고 오기 • '조부모님 소개글' 안 가지고 온 유아는 내일까지 가지고 오기	• 내일은 조부모님과 유치원에 함께 오는 날임 • 조부모님께 인사 잘 드리기 / 예의 바르게 행동하기	• 하루 일과 회상하기/조부모님께 감사인사 드리기 • 조부모님과 함께 집으로 가기	• 내일은 유치원에서 점심식사를 하는 날임. 도시락 가져오기	• 주말 지낸 이야기하기	
비 고		※그림책 반납 및 대여일		※조부모님의 날		※점심식사 지도 (학부모조력: ○○○ 어머니)	
총 평							

2. 일일교육계획안

담임	원감	원장

학급명	○○○반 (만 3세)	날 짜	20○○년 ○월 ○일 ○요일	수업일수	○○ / ○○○일
생활주제	가 족	주 제	가족의 구성 가족 사랑	소주제	어버이날에 대해 알기 부모님께 감사한 마음 가지기
목 표	어버이날에 대해 알고 관심을 가진다. / 부모님께 감사한 마음을 가진다. / 부모님께 감사한 마음을 표현하는 태도를 기른다.				
일일 시간표	9:00~ 등원 및 실내자유선택활동 10:10~ 정리정돈 및 화장실 다녀오기 10:20~ 노래 '닮은 곳이 있대요' 10:35~ 간식 '삶은 달걀1, 사과1, 오렌지주스' 10:50~ 실내자유선택활동(유희실) 11:20~ 정리정돈 및 화장실 다녀오기 11:30~ 이야기나누기 '어버이날' 11:50~ 평가 및 귀가 지도				

시간 / 활동명	활 동 목 표	활 동 내 용	준비물 및 유의점	평 가
9:00~ 등원 및 실내자유 선택활동	• 선생님께 바르게 인사한다.	• 등원 및 인사나누기 - 출석 표시판에 표시하기 • 손 소독제로 소독하기	• 이름표(개구리 모양), 이름표판 • 손소독제	
	• 어버이날에 대해 관심을 가진다. • 부모님께 감사하는 마음을 가진다. • 나를 중심으로 위, 아래, 앞, 뒤, 옆을 알아본다. • 도형을 합하거나 나누어서 여러 가지 모양을 구성해본다.	• 실내자유선택활동 하기 [조형] 어버이날 꽃 만들기 - 꽃 모양 종이 가운데에 원 모양 종이 붙이기 - 미농지를 구겨서 풀로 붙여 꾸미기 [쌓기] 집 짓기 - 집 짓기 블록, 종이 벽돌 블록을 이용하여 집 구성하기 - 구성한 집 안을 여러 개의 방으로 나누어 보기 - 화장실, 거실, 식당, 아기 방, 안방 등으로 구성하기	• 조형 : 꽃/동그라미 모양 종이, 미농지 자른 것, 풀, 셀로판테이프, 옷핀 • 쌓기 : 집짓기 블록, 종이 벽돌 블록	

시간 / 활동명	활 동 목 표	활 동 내 용	준비물 및 유의점	평 가
9:00~ 등원 및 실내자유 선택활동	• 친구와 함께 사이좋게 놀이한다. • 책에 관심을 갖고 그림을 단서로 내용을 추측해본다. • 책 보는 것을 즐기고 책을 소중히 여긴다. • 반복되는 배열에서 규칙성을 인식한다. • 친숙한 동 · 식물의 변화에 관심을 가진다. • 여러 가지 악기를 탐색하고, 즐겁게 연주한다. • 올바른 기본생활습관을 형성한다.	[역할] 가족 놀이하기 - 역할 놀이 영역의 음식 모형 장난감으로 음식 만들기 - 만든 음식으로 상차리기 - 가족이 모여 함께 음식 먹기 - 인디언 천막 안에서 가족 놀이하기 [언어] '가족' 생활주제 관련 그림책 보기 - '우리 엄마', '아빠, 꽃밭 만들러 가요' 그림책 보기 [수학 · 조작] 가족 그림 패턴 맞추기 - 아버지-어머니-아버지-(　　)-아버지-어머니 그림 패턴 맞추기 [과학] 열대어 어항 물 갈아주기 - 열대어 어항 물 갈아주기 - 깨끗한 물 받아서 정화 약품 넣기 / 어항에 고인 물 버리기 / 깨끗한 물로 갈아주기 - 열대어 먹이주기 [음률] 악기 소리 탐색하기, 악기 연주하기 -여러 가지 악기의 소리를 들어보기/ 연주하기 -피아노 반주에 맞춰 노래 부르기/ 악기 연주하기 • 기본생활습관 - 바르게 인사하기, 실내에서 걸어 다니기, 정리정돈 잘하기	• 역할 : 음식 모형,여러 가지 모양의 접시, 도시락 용기, 가방, 돗자리 • 수학 · 조작 : 동물 그림, 동물들의 다리 그림 • 과학 : 열대어 먹이 • 음률 : 귀로, 캐스터네츠, 막대 탬버린, 핸드벨, 레인스틱, 마라카)	
10:10~ 정리정돈 및 화장실 다녀오기	• 자기가 가지고 놀던 놀잇감을 정리할 수 있다.	• 놀잇감 제자리에 정리하기 • 자기가 놀았던 곳부터 정리하기 • 친구의 정리 도와주기 • 정리를 마친 후 화장실 다녀오기 • 손 씻기		
10:20~ 노래 '닮은 곳이 있대요'	• 나는 가족의 중요한 구성원임을 안다. • 얼굴 각 부위의 명칭을 안다. • 가족과 닮은 얼굴생김새에 관심을 갖는다.	◎ 노래 '닮은 곳이 있대요' • 자리정돈 및 주의집중: 가족 패턴 맞추기 • 자료를 이용하여 노랫말 소개하기 - (아이 얼굴 그림 자료를 붙이며) 누구의 얼굴일까요? - (아빠 얼굴 그림 자료를 붙이며) 이것은 누구의 얼굴일까요?	• 노래 자료, 게시판	

시간 / 활동명	활 동 목 표	활 동 내 용	준비물 및 유의점	평 가
10:20~ 노래 '닮은 곳이 있대요'		- 이 어린이와 아빠의 얼굴을 잘 보면 닮은 곳이 있다고 해요. 어떤 부분이 닮았는지 잘 보세요. - 눈썹은 어떤가요? 눈의 모양은 어떤가요? 코가 닮았나요? 입은 어떤가요? - 이 어린이와 아빠는 어느 부분이 가장 많이 닮았나요? - ○○○반 어린이들은 아빠와 어떤 곳이 닮았나요? • 교사 노래 듣기 • 피아노 음으로 듣기 • 나누어 부르기 및 바꾸어 부르기 - 교사 : 아빠하고 나하고~ 닮은 곳이 있대요 - 유아 : 눈 땡 코 땡 입 딩동댕 • 다 함께 부르기 • 배운 노래 부르기(내 얼굴, 어린이날)		
10:35~ 간식 '삶은 달걀1, 사과1, 오렌지주스'	• 손을 깨끗이 씻는다. • 음식을 골고루 먹는다.	• 화장실에서 손 씻기 • 간식 먹기 • 간식 먹은 후 언어, 수학 · 조작, 과학 영역 놀이하기	- 간식 준비 및 손씻기 지도 : ○○○ 교사	
10:50~ 실내자유선택활동	• 놀이기구를 바르게 사용한다. • 안전하게 놀이한다.	◎ 실내자유선택활동(유희실)	* 우천으로 인해 실외자유선택활동을 실시할 수 없으므로, 유희실에서 실내자유선택활동을 실시한다.	
11:20~ 정리정돈 및 화장실 다녀오기	• 자기가 가지고 놀던 놀잇감을 정리할 수 있다.	• 놀잇감 제자리에 정리하기 • 자기가 놀았던 곳부터 정리하기 • 친구의 정리 도와주기		
11:30~ 이야기나누기 '어버이날'	• 어버이날의 의미를 안다. • 부모님을 기쁘게 하는 방법을 알고 실천한다. • 부모님께 감사하는 마음을 갖는다.	◎ 이야기나누기 '어버이날' • 자리정돈 및 주의집중: '어린이날' 노래 '어버이날'로 개사해서 부르기 • 달력을 보며 어버이날 소개하기 - 5월 5일은 무슨 날인가요? (어린이날) - 어린이날을 누구를 위한 날인가요? (어린이) - 5월 8일은 무슨 날인지 알고 있나요? (어버이날) - '어버이'란 말을 들어 본 적이 있나요? 무슨 뜻일까요? - '어버이'란 엄마, 아빠를 부르는 말이에요. - 그러면 어버이날은 누구를 위한 날일까요? (엄마, 아빠를 위한 날)	• 이야기나누기 자료	

시간 / 활동명	활 동 목 표	활 동 내 용	준비물 및 유의점	평 가
11:30~ 이야기나누기 '어버이날'		• 어버이날의 의미에 대해 이야기하기 - 엄마, 아빠는 어떤 분들인가요?(나를 낳아주시고 나를 사랑해 주시는 분) - 엄마, 아빠가 나에게 어떻게 해 주실 때 가장 기분이 좋은가요? - 나를 위해 즐겁게 해 주시는 엄마, 아빠께 어떤 말을 해 드릴 수 있을까요?(감사합니다, 고맙습니다) - 어버이날은 나를 위해 많은 것을 해 주시는 엄마, 아빠께 감사의 마음을 전하기 위해 만든 날이에요. • 부모님을 기쁘게 해 드리는 일에 대해 이야기 나누기 - 어버이날은 엄마, 아빠를 기쁘게 해 드리는 날이에요. 그래서 ○○○반 어린이들이 엄마, 아빠를 기쁘게 하기 위해 선물을 만들었어요. 무슨 선물을 만들었나요? (어버이날 꽃) - 어버이날 꽃을 드릴 때 엄마, 아빠께 무슨 말을 하면 기뻐하실까요? (감사합니다, 고맙습니다, 엄마, 아빠 사랑해요 등) - 또 ○○○반 어린이들이 무슨 일을 하면 엄마, 아빠가 기뻐하실까요?(동생과 싸우지 않기, 놀잇감 스스로 정리하기 등) • 내일이 어버이날임을 이야기하기 - 내일은 어버이 날이에요. - 아침에 일어나서 엄마, 아빠께 우리가 만든 꽃을 달아드려요. 또 '감사합니다', '고맙습니다', '사랑해요' 라고 말씀 드리며 꼭 안아드리기 - 그리고 부모님을 기쁘게 하는 일을 한 가지씩 꼭 하고 오기		
11:55~ 귀가 지도		• 하루 일과 평가하기 • 어버이날 선물로 만든 꽃 집에 가져가기 / 부모님께 선물 드리면서 '감사합니다' 하고 이야기하기 • 선생님께 인사드리고 집으로 가기		
총 평				

참고문헌

권윤덕(2003). 거미동동 시리동동. 창비.

김진영(2009). 김진영 동요집. 교문사.

이기숙 · 김희진 · 이경미 · 이순영(1998). 유아를 위한 소비자교육 프로그램. 양서원.

이은화 · 김순세(1973). 어린이 춤곡. 형설출판사.

이화여자대학교 사범대학 부속이화유치원(1970). 노래동산.

이화여자대학교 사범대학 부속이화유치원(1987). 유아를 위한 즐거운 놀이.

이화여자대학교 사범대학 부속이화유치원(1992). 3, 4, 5세 어린이를 위한 유치원 교육과정 운영의 실제. ① 즐거운 유치원. 교문사.

이화여자대학교 사범대학 부속이화유치원(1992). 3, 4, 5세 어린이를 위한 유치원 교육과정 운영의 실제. ② 나. 교문사.

저자소개

홍용희 이화여자대학교 사범대학 부속이화유치원 원장
이화여자대학교 사범대학 유아교육과 교수

오지영 이화여자대학교 사범대학 부속이화유치원 원감

김혜전 전 이화여자대학교 사범대학 부속이화유치원 교사

이지현 전 이화여자대학교 사범대학 부속이화유치원 교사

임예지 현 이화여자대학교 사범대학 부속이화유치원 교사

장현진 전 이화여자대학교 사범대학 부속이화유치원 교사

이화유치원 교육과정 운영의 실제

만 3세 ❹ 가족

2011년 12월 19일 초판 인쇄
2011년 12월 26일 초판 발행

지은이 이화여자대학교 사범대학 부속이화유치원
펴낸이 류제동
펴낸곳 (주)교 문 사

책임편집 김선형
본문디자인 아트미디어
표지디자인 이수미
제작 김선형
영업 정용섭·이진석·송기윤

출력 아트미디어
인쇄 동화인쇄
제본 한진제본

우편번호 413-756
주소 경기도 파주시 교하읍 문발리 출판문화정보산업단지 536-2
전화 031-955-6111(代)
팩스 031-955-0955
등록 1960. 10. 28. 제406-2006-000035호

홈페이지 www.kyomunsa.co.kr
E-mail webmaster@kyomunsa.co.kr
ISBN 978-89-363-1151-3 (93370)
ISBN 978-89-363-1141-4 (93370) 전 36권

값 15,000원
*저자와의 협의하에 인지를 생략합니다.
*잘못된 책은 바꿔 드립니다.